Doreen Virtue

Bewahre dir dein inneres Strahlen

Doreen Virtue

Bewahre dir dein inneres Strahlen

für ein Leben ohne Stress, Krisen und negatives Denken

Aus dem amerikanischen Englisch
von Angelika Hansen

IRISIANA

Die amerikanische Originalausgabe erschien 2015 unter dem Titel »Don't Let Anything Dull Your Sparkle«.

MIX
Papier aus verantwortungsvollen Quellen
FSC® C014496

Verlagsgruppe Random House FSC® N001967

1. Auflage
© 2016 der deutschsprachigen Ausgabe by Irisiana Verlag,
einem Unternehmen der Verlagsgruppe Random House GmbH,
Neumarkter Str. 28, 81673 München
Redaktion: Sven Beier
Satz: Uhl + Massopust GmbH, Aalen
Umschlaggestaltung: Geviert, Grafik & Typografie
Druck und Bindung: GGP Media GmbH, Pößneck
Printed in Germany
ISBN: 978-3-424-15306-4

Inhalt

Vorwort 7

Teil I: Die Wissenschaft des »Strahlens« 15

Einführung zu Teil I: Entdecken Sie Ihr Strahlen wieder! 17

Kapitel 1: Drama, Trauma und Stress 22

Kapitel 2: Warum Sie immer wieder mit Drama konfrontiert sind 33

Kapitel 3: Posttraumatische Stressreaktion 50

Kapitel 4: Histamin-Sucht und -Intoleranz 61

Teil II: Wie Sie Ihr Strahlen zurückgewinnen können 71

Einführung zu Teil II: Gleichgewicht zwischen Yin und Yang 73

Kapitel 5: Bauen Sie Stress in Ihrem Leben ab 76

Kapitel 6: Richtig essen, um Ihr inneres Strahlen wiederzugewinnen 96

Kapitel 7: Ihre strahlende Umgebung 112

Kapitel 8: Linderung von Stress, Depression, Nervosität und Angst auf natürliche Weise 123

Kapitel 9: Sanftes und erholsames Yoga 139

Kapitel 10: Lassen Sie sich helfen 154

Teil III: Strahlender Umgang mit anderen Menschen 163

Einführung zu Teil III: Kontakt mit anderen Menschen 165

Kapitel 11: Was fühlen Sie in Bezug auf andere Menschen? 167

Kapitel 12: Wählen Sie Ihre Freunde mit Bedacht 182

Kapitel 13: Strahlende Liebesbeziehungen 198
Kapitel 14: Sich selbst treu bleiben innerhalb der Familie 210
Kapitel 15: Gesunde Beziehungen aufbauen 223

Nachwort: Vom Stress zum Stretching 230
Bibliografie.. 233
Register.. 247

Vorwort

Ich bin als Autorin spiritueller Bücher und Kartendecks bekannt. Obgleich ich jahrelang Psychologie studiert und praktiziert habe, lag mein Fokus schon immer auf dem Gebiet der Spiritualität.

Dieses Buch handelt zwar im engeren Sinne nicht von Spiritualität, ist jedoch auf eine spirituelle Erfahrung zurückzuführen, in deren Verlauf ich eine überraschende innere Botschaft empfing.

Diese innere Botschaft kam, als ich im Zuge einer Lesereise in San Francisco war. Nach 25 Jahren war ich erschöpft vom ständigen Reisen rund um den Globus. Ich liebte es, Seminare zu leiten und meine Zuhörer kennenzulernen, doch setzten mir die ständigen Ortswechsel mittlerweile extrem zu. Ich reagierte inzwischen sehr feinfühlig auf die ständigen Sicherheitskontrollen an Flughäfen, den Verkehr und Lärm in den Städten, die Luftverschmutzung und hektischen Reisepläne. Darüber hinaus lief ich Gefahr, unterwegs meine Übungen zur Selbstfürsorge aus dem Auge zu verlieren.

Ich wollte mit dem Reisen aufhören, doch war dies die einzige mir bekannte Möglichkeit, über meine Bücher zu sprechen und Anleitungen zu geben. Dennoch, ich war total gestresst vom ständigen Unterwegssein, und ich fing an, darunter zu leiden.

Dann passierte es: Es kam der Tag, als der Stress zu groß wurde. Ich war am Flughafen auf dem Weg nach San Francisco. Ich hatte gerade in Toronto, an einem verschneiten Winterwochenende, ein Seminar gehalten. Mir war kalt, und ich war total erschöpft.

Als ich am Flughafen einchecken wollte, sagte mir die Frau am Schalter, dass ich stichprobenartig für eine zusätzliche Sicherheitskontrolle ausgewählt worden war, was ein manuelles Abtasten und zusätzliche Röntgenstrahlen bedeuten würde! Sie gab mir meine Bordkarte, auf der groß die Buchstaben *SSSS* standen, ein Code für zusätzliches Screening.

Vor lauter Frustration fing ich an zu weinen. Normalerweise war ich immer in der Lage, auf eine positive Weise mit dem Thema Sicherheitskontrolle am Flughafen umzugehen, wie zum Beispiel durch Beten, ein freundliches Gespräch mit dem Sicherheitsbeauftragten, oder indem ich mich daran erinnerte, dass diese Kontrollen notwendig waren, um die Sicherheit aller Passagiere zu gewährleisten. Doch war mir in diesem Augenblick nicht bewusst, dass meine Ernährungsweise, persönlicher Stress und ungelöste Traumata aus meiner Vergangenheit mich in einem solchen Maße erschöpft hatten, dass ich nicht mehr in der Lage war, auf meine übliche positive Bewältigungsstrategie zurückzugreifen.

Der Gedanke, mich einer weiteren Sicherheitskontrolle unterziehen zu müssen, gab mir den Rest, und vor lauter Verzweiflung brach ich in Tränen aus. Ich liebte es, zu schreiben und zu lehren, doch die ständige Reiserei gab mir das Gefühl, in einer Tretmühle gefangen zu sein, ohne die Möglichkeit eines Auswegs.

Als ich nach einem Flug, der mir extrem lange erschien, in San Francisco ankam, traf ich die Entscheidung, mit dem Reisen aufzuhören, egal welche Konsequenzen sich daraus ergeben würden.

Als ich am nächsten Tag die Post Street entlang zum Union Square ging, hörte ich die innere Botschaft, auf der dieses Buch basiert. Es handelte sich um einen Satz, der so tief greifend war und sich so wahr anhörte, dass ich wie angewurzelt vor einem Juwelierladen stehen blieb, damit ich diesen Satz aufschreiben konnte:

»Der Grund, warum du und so viele Menschen immer wieder Drama in ihrem Leben erfahren, ist die Sucht nach Histamin.«

Ich hörte diese Botschaft so klar und deutlich, als würde jemand mit mir reden (so wie ich schon immer seit meiner Kindheit spirituelle Botschaften empfangen habe). Falls Sie denken, ich hätte akustische Halluzinationen, darf ich Ihnen versichern, dass mein Master-Studium in beratender Psychologie an der Chapman University von allen Studenten verlangte, sich einer langen Reihe von psychologischen Untersuchungen und Tests zu unterziehen: Ich bestand sie alle und erhielt mein Diplom.

Der Wissenschaftler D.J. West bietet diese Definition des Unterschieds zwischen einer Halluzination und einer echten außersinnlichen Erfahrung an:

> *Pathologische Halluzinationen tendieren dazu, ein bestimmtes eher rigides Muster aufzuweisen, im Laufe einer bestehenden Krankheit wiederholt aufzutreten, jedoch nicht zu anderen Zeiten, und von weiteren Symptomen, hier vor allem Bewusstseinsstörungen und Wahrnehmungsverlust bezüglich der normalen Umgebung, begleitet zu sein. Die spontane außersinnliche Erfahrung ist häufiger ein isoliertes Ereignis, unabhängig von jeder Krankheit oder bekannten Störung und definitiv nicht von einem Kontaktverlust mit der normalen Umgebung begleitet.* (West 1960)

Keine Frage, ich war definitiv in Kontakt mit meiner Umgebung, als ich die Botschaft hörte. Außerdem habe ich seit 2003 keinen Tropfen Alkohol mehr getrunken, daher war es auch nicht die Folge von Trunkenheit.

Untersuchungen zeigen, dass der Unterschied zwischen einer akustischen Halluzination und einer echten außersinnlichen Erfahrung darin besteht, dass erstere negativ oder ego-basiert ist und letztere positiv. Und dies war definitiv eine *positive* Botschaft.

Ein »*Aha!*«-Gefühl ging mit dieser Botschaft einher, doch wusste ich in dem Moment noch nichts über das Ausmaß ihrer Wirkung. Die Physiologie von Histamin war mir nicht völlig unbekannt. Intuitiv fühlte ich, dass die Worte auf meinen Sucht-Kreislauf mit Histamin hinwiesen, hervorgerufen durch Stress und Drama im alltäglichen Leben.

Also schrieb ich die Botschaft auf und veröffentlichte sie sogar in meinem täglichen Blog auf Facebook. Doch dann vergaß ich sie, bis ein Zufall (der sich wie göttliche Fügung anfühlte) dafür sorgte, dass die Worte von damals, die ich auf Facebook weitergegeben hatte, eines Tages wieder auftauchten.

Das war der Moment, als ich mit den Nachforschungen über die Sucht nach Histamin begann, und was ich dabei herausfand, haute mich regelrecht um! Mir wurde klar, dass mein Nervenzusammenbruch am Flughafen von Toronto in erster Linie darauf zurückzuführen war, dass ich durch meine Ernährungsweise überdurchschnittliche Mengen an Histamin aufnahm, ich zu viel Stress um die Ohren hatte (was zu einem höheren Histamin-Spiegel führt), und ich mir nicht die Zeit genommen hatte, mich den Traumata aus meiner Vergangenheit zu stellen und sie zu verarbeiten.

Ironischerweise hatte ich mich als Therapeutin für Essstörungen jahrzehntelang mit Traumata befasst und Patienten behandelt. Meine Doktorarbeit hatte die Verbindung zwischen Kindesmisshandlung und Suchtentwicklung zum Thema, was später die Basis für mein Buch *Losing Your Pounds of Pain* über Suchtverhalten und Essstörungen wurde. Ich hatte

Seminare der Pioniere im Bereich Trauma-Forschung besucht, unter anderem Dr. Peter Levine und Dr. Bessel van der Kolk.

Ich hatte sogar einem Psychotherapeuten-Kollegen gegenüber erwähnt, dass sich Dr. Levines Beschreibungen von Trauma wie meine eigenen Worte anhörten. Mein Kollege wischte ärgerlich die Tatsache vom Tisch, dass ich überhaupt in Erwägung zog, ein Trauma erfahren zu haben, da ich weder im Krieg gewesen noch als Kind misshandelt worden war (die beiden Arten von Trauma, die am häufigsten mit einer posttraumatischen Belastungsstörung in Verbindung gebracht werden). Er schimpfte und meinte, ich würde den Begriff *Trauma* zu leichtfertig anwenden.

Das führte dazu, dass ich mich klein machte und in eine Wolke von Entschuldigungen zurückzog (wahrscheinlich *wegen* des Traumas, das ich erfahren hatte) und entschied, dass mein Kollege recht haben musste. Da es bei meinem Trauma nicht um Krieg oder Kindesmisshandlung irgendeiner Art ging, blendete ich es aus. Ich übersah einfach die Auswirkungen, die diese schmerzhaften Erfahrungen auf mein Leben hatten.

Doch bei den Nachforschungen für dieses Buch entdeckte ich, dass die Definition von Trauma sehr weitgefächert ist, und es stellte sich heraus, dass sie jede Situation einschließt, in der wir tiefes Entsetzen, Hilflosigkeit oder große Angst haben, unser Leben zu verlieren. Aufgrund dieser Definitionen waren meine Erlebnisse tatsächlich traumatisch, und sie hatten sowohl meinen Körper und mein Gehirn umstrukturiert als auch psychologische Narben hinterlassen. Entsprechend den von mir angestellten Nachforschungen hatte ich das Thema *Trauma* absolut nicht leichtfertig behandelt. Es handelte sich hier um ein echtes Trauma, und nicht nur für mich, sondern für viele von uns.

Die Tatsache, dass ich meine Gefühle unterdrückte, zeigte, wie sehr Selbstverleugnung die Genesung bei einem Trauma blockieren kann. Trotz meines medizinischen Hintergrundes erkannte ich meine eigenen posttraumatischen Symptome nicht und hatte die Auswirkungen dessen, was ich durchlitten hatte, heruntergespielt. Auch mein Kollege befand sich in einem Zustand der Verleugnung, vielleicht weil er nicht bereit war, sich seinen eigenen Traumata zu stellen.

Basierend auf dem, was ich herausgefunden hatte, begann ich an mir selbst zu arbeiten. Ich befolgte alle Empfehlungen für Trauma-Heilung, die in diesem Buch beschrieben sind, und stellte fest, dass sie eine große Hilfe waren.

Am Anfang hatte ich – wie viele Trauma-Betroffene – keine Geduld und wollte umgehend Resultate sehen. Sobald mir dieses Verhalten bewusst wurde, erkannte ich, dass es beständiger Hingabe bedarf, um eingefleischte Muster zu heilen. Nach drei oder vier Monaten stellte ich eine große, positive Veränderung in mir selbst fest. Ich empfand eine neue Intensität von Glück und Zufriedenheit, von der ich nicht einmal geahnt hatte, dass sie existiert. Endlich verstand ich, wie meine alten Trauma-Muster Drama in mein gegenwärtiges Leben gebracht hatten. Sobald mir diese Dynamik klar wurde, traf ich die bewusste Entscheidung, mich von Drama zu »entgiften«, und die alten Muster lösten sich auf.

Zu meinem Entzücken führte die emotionale Entgiftung auch zu einer körperlichen Heilung. Die Schwellungen und das Hautjucken, unter denen ich gelitten hatte, verschwanden. Endlich konnte ich meine Wangenknochen wieder sehen! Das Befolgen der Methoden, über die Sie in diesem Buch lesen werden, half mir zudem, meine Karriere problemlos und auf angenehme Weise in eine neue Richtung zu lenken. Freunde bemerkten, dass ich um Jahre jünger aussah, und so *fühlte* ich mich auch! Ein warmes Gefühl von Frieden in meinem Herzen

trat an die Stelle von Energie raubendem Stress, der mir zur Gewohnheit geworden war.
Mit großer Freude teile ich das, was ich herausgefunden habe, mit Ihnen, denn ich weiß, dass es auch *Ihr* Leben positiv verändern wird!

In Liebe,
Doreen Virtue

TEIL I

Die Wissenschaft des »Strahlens«

EINFÜHRUNG ZU TEIL I

Entdecken Sie Ihr Strahlen wieder!

Wenn …

- Sie gestresst und erschöpft sind
- Sie von Ihrer eigenen Sensitivität überwältigt sind
- Sie sich in Ihrer Haut nicht wohlfühlen
- Sie sich antreiben, immer schneller zu werden
- Sie vergesslich sind und sich nicht fokussieren können
- es zu viel Drama und Negativität in Ihrem Leben gibt
- Ihre Beziehungen schwierig sind
- Ihr Körper nicht kooperiert
- Sie einen berufsbezogenen Burnout erleben,

… dann ist es an der Zeit, Ihr Strahlen neu zu entdecken!
In diesem Buch werden wir erforschen, wie sich Negativität, Drama und Trauma auf sensitive Menschen wie Sie auswirken. Sie werden lernen, in welcher Weise die Ereignisse in Ihrem Leben das Gleichgewicht Ihrer Gehirn- und Hormon-Chemie verändert haben. Außerdem werden Sie erfahren, warum

es nicht gut ist, sich selbst immer weiter anzutreiben, um noch schneller zu sein, noch mehr zu tun und noch mehr zu erreichen.

Dies ist ein Buch über die Wissenschaft des »Strahlens«. Sie werden über wissenschaftliche Untersuchungen lesen, die zeigen, warum unser Strahlen – unsere Freude, Gesundheit, Motivation, die Fähigkeit, uns zu fokussieren, unser innerer Frieden und Glück – getrübt wird … und wie der Funke erneut entfacht wird. Um das Buch angenehmer und lesbarer zu machen, habe ich die Untersuchungen zusammengefasst. Ich könnte problemlos über jede zellulare Reaktion auf Stress schreiben, doch würde dies wahrscheinlich zu weiterem Stress führen, wenn Sie alles bis ins kleinste Detail nachlesen müssten! Also ist dieses Buch mehr wie ein Ratgeber und nicht als Fachbuch gehalten.

Die Forschung zeigt, dass unsere von Drama, Stress und Trauma erfüllte Lebensweise zu einem Aufmerksamkeitsdefizit führt. Deswegen habe ich Fußnoten zu Untersuchungen vermieden (abgesehen von gelegentlichen Hinweisen auf Einträge in der Bibliografie). Ich hoffe von Herzen, dass Sie das ganze Buch lesen, da jede Seite wichtige Informationen enthält. Aus diesem Grund habe ich mein Bestes getan, das Buch, das Sie in Händen halten, zu einem mühelosen und angenehmen Lesevergnügen zu machen.

Die Forschungsergebnisse, die ich Ihnen präsentiere, helfen zu verstehen, *warum* Ihr Leben so ist, wie es ist. Es ist eine große Erleichterung, die Gründe für diese schädlichen Verhaltensmuster zu erkennen. Es ist ein wunderbar befreiendes Gefühl, sich seiner selbst und seiner inneren Prozesse bewusst zu werden. Auf einmal ergibt alles einen Sinn, und Sie verstehen sich selbst viel besser.

Sie werden sehen, wie Traumata, die Sie selbst erlebten oder deren Zeuge Sie waren, Ihre Gehirn- und Körper-Chemie verändert haben, auch wenn ich *keine* Einzelheiten über Traumata aufgeführt habe, die mir oder anderen widerfahren sind. Untersuchungen zeigen, dass wir traumatisiert werden können, wenn wir von dem Trauma eines anderen Menschen *hören*. Daher möchte ich Ihr Trauma nicht noch verstärken, indem ich meins beschreibe. So können Sie sich entspannen und die Seiten dieses Buches umblättern in der Gewissheit, dass es keinerlei Gefahr birgt, sondern sanft und liebevoll zu Ihnen spricht.

Ich bin überzeugt dass Sie – und jeder von uns – mit einem inneren Licht auf die Welt gekommen sind. Sie funkeln immer noch, doch wie eine mit Staub bedeckte Glühbirne kann es sein, das Sie sich weder strahlend fühlen noch anderen so erscheinen. Wenn Sie in Bezug auf Ihr Leben hier und jetzt weder glücklich noch begeistert sind, bedeutet dies, dass Ihr Strahlen verdeckt worden ist.

Glücklicherweise gibt es Antworten und Lösungen, und der erste Schritt besteht darin, Ihre Verhaltensmuster zu erkennen. Dies ist ein Buch darüber, wie Sie diese Muster aufdecken können – um Ihnen zu helfen, Ihr Leben wieder glücklich und voll Begeisterung anzupacken.

* * *

Entsprechend der *American Psychological Association (APA)* ist ein auffallender Anstieg bei der Zahl von Erwachsenen und Kindern mit erhöhtem Stresslevel zu beobachten. Erwachsene geben in erster Linie Geldsorgen, den Arbeitsplatz und die Wirtschaftslage als Gründe an, gestresst zu sein. Die meisten sagen außerdem, dass sie weder genug Zeit noch die Motivation haben, sich um ihr eigenes Wohlergehen zu kümmern und ihr Stresslevel zu reduzieren. Bei Kindern hängt erhöhter Stress mit Übergewicht zusammen, vielleicht weil sie aufgrund von Stress über die Maßen essen.

Manche dieser Muster können unter Umständen biologisch gesteuert sein. Wenn Sie zum Beispiel irgendeine Form von schlechter Behandlung – physischer oder emotionaler Missbrauch, Vernachlässigung, Mobbing etc. – oder andere schwerwiegende Traumata erlitten haben, dann ist die Wahrscheinlichkeit groß, dass Ihre Gehirnchemie- und Hormon-Muster Ihre Gesundheit, Ihr Energielevel und Ihre Persönlichkeit beeinträchtigen. Das trifft vor allem dann zu, wenn Sie während des Traumas extreme Angst, Hilflosigkeit oder Entsetzen erlebt haben.

Die posttraumatischen Veränderungen in Gehirn und Nebennierendrüsen haben vielleicht dazu geführt, dass Sie süchtig sind nach Drama und Negativität. Ihr Körper und Gehirn befinden sich nicht mehr im Zustand der Homöostase (Selbstregulierung), sondern sind jetzt in eine *Allostase* übergegangen, was eine physische Umstrukturierung Ihrer chemischen Abläufe und Vernetzungen bedeutet, die nach einem Trauma bestimmte Verhaltensmuster auslöst.

Beim Lesen dieses Buches werden Sie vielleicht überrascht sein zu erfahren, dass Ihre durch Negativität und Drama geprägten Erlebnisse ein starkes Suchtpotenzial besitzen und auf einer physiologischen Basis zu entsprechenden Mustern führen können. Sie haben richtig gelesen, Ihr Gehirn und Ihr Körper können *süchtig* sein nach stressigen Erfahrungen, die Ihr inneres Licht trüben. Diese Erkenntnis soll Ihnen dabei helfen, schädliche Muster zu erkennen und zu heilen.

Außerdem werden Sie erfahren, warum Drama, Stress und die Neigung, sich selbst über die eigenen Grenzen hinaus zu fordern, körperlich, mental und emotional extrem ungesund sind. Und als wäre das noch nicht genug, können Stress und Drama überdies zu Gewichtsproblemen führen. Unser Körper reagiert auf Stress instinktiv, indem er Fett ablagert aufgrund der unbewussten Angst, dass nach einer Krise eine Periode des

Hungers folgen könnte. Zudem steigt unser Appetit auf Junkfood. Unter Stress neigen wir dazu, Dinge zu essen, die eine Gewichtszunahme aufgrund von Wasseransammlung im Gewebe zur Folge haben.
In Teil I dieses Buches beschäftigen wir uns ausführlich mit der Art und Weise, wie Ihr Körper – einschließlich Gesundheitszustand, Gewicht, Appetit und Wohlbefinden – durch Stress beeinträchtigt wird. Ein Teil dieser Ausführungen sind wissenschaftlicher Natur, doch lohnt es sich, sie zumindest einmal zu überfliegen. In diesem Teil des Buches werden Sie Antworten auf die Frage finden, warum Sie so handeln, wie Sie handeln. Lösungen für Stress und Drama finden Sie in Teil II und III.

KAPITEL 1

Drama, Trauma und Stress

Ich muss ein Geständnis machen: Bevor ich mit den Nachforschungen und dem Schreiben an diesem Buch begann, hatte ich manchmal Vorurteile gegenüber Menschen, deren Leben ständig durch Stress und Drama bestimmt war.

Doch jetzt, nach dem Schreiben dieses Buches, habe ich das gleiche Mitgefühl für die Personen, die ich früher als »Drama-Queens« bezeichnet habe, wie für Alkoholiker, zwanghafte Esser und Drogenabhängige. Tatsächlich hat dieses Buch mir geholfen, jedem Menschen, dem ich begegne, mehr Geduld entgegenzubringen, weil mir klar geworden ist, dass die meisten (wenn nicht gar jeder) von uns mit denselben Nachwirkungen persönlicher und globaler Traumata zu kämpfen haben.

Der Grund dafür ist die Tatsache, dass es eine reale physiologische Basis für die Sucht nach Drama gibt. Hinter jedem hochdramatischen Menschen lauert ein ungelöstes Trauma. Drama ist sein oder ihr Weg, um Liebe zu bitten oder Hilfe und Verständnis zu erbetteln.

Hinter jedem hochdramatischen Menschen lauert ein ungelöstes Trauma. Drama ist sein oder ihr Weg, um Liebe zu bitten oder Hilfe und Verständnis zu erbetteln.

Und hier ist, was ich während der Forschungen und beim Schreiben dieses Buches gelernt habe: Wir leiden kollektiv an der *Trauma-Krankheit*, was unseren Hunger nach Drama befeuert.

So gut wie jeder Mensch auf diesem Planeten hat bereits ein Trauma erfahren, vor allem Sekundär-Traumata aufgrund zu vieler erschreckender Nachrichtenbilder und Videos über Katastrophen und Tragödien. Hinzu kommt, dass Traumata der Grund sind, warum wir süchtig sind nach Reality-TV, Hollywood-Klatsch, Horrorfilmen und nach Freunden mit einem Hang zum Drama. Nicht geheiltes Trauma ist der Grund für unsere Gesundheits-, Gewichts-, Sucht-, Schlaf- und Beziehungsprobleme.

Ihr Körper speichert traumatische Erinnerungen

In der Vergangenheit fokussierten sich die Psychologie und Psychiatrie ausschließlich auf die Auswirkungen von Stress, Drama und Trauma auf die *Seele*. Mittlerweile hat die Forschung überwältigende Beweise dafür erbracht, dass auch der *Körper* betroffen ist und sich als Folge von Ereignissen im Leben verändert. Der Schlüssel zur Heilung von Trauma und die Wiedererlangung unseres inneren Strahlens bestehen darin, auf die Hilferufe unseres Körpers zu hören.

> Der Schlüssel zur Heilung von Trauma und die Wiedererlangung unseres inneren Strahlens besteht darin, auf die Hilferufe unseres Körpers zu hören.

Als ich Leiterin der psychiatrischen Abteilung »WomanKind« für Frauen im Cumberland Hall Hospital in Nashville, Tennessee, war, hatten wir eine Massage-Therapeutin, die auf Trauma-Heilung spezialisiert war und Patientinnen half, Traumata loszulassen, die sie in ihren Körperzellen gespeichert hatten. Viele Patientinnen, die während der Gesprächstherapie blockiert waren und nicht weiterkamen, erfuhren bei den traumaspezifischen Massagesitzungen wichtige Einsichten mit entspannender Wirkung.

Die Verbindung zwischen Drama und Trauma

Schwierige Situationen und problematische Beziehungen haben oft mit Drama zu tun. *Drama* wird als stressige Umstände, Muster oder Beziehungen verstanden, die *scheinbar* jenseits Ihrer Kontrolle liegen. Wenn Sie in Ihrem Leben ständig mit Drama zu tun haben, sind wahrscheinlich Ihre eigenen vergangenen Traumata der Grund dafür.

Trauma bezeichnet ein Ereignis, das so großen Schmerz verursacht (emotional, geistig und/oder physisch), dass es Ihr Gefühl für Sicherheit zerstört. Posttraumatische Symptome sind daher bei Menschen zu beobachten, die bei den erlittenen Traumata intensive Angst, Hilflosigkeit oder Entsetzen empfunden haben.

Die Begriffe *Drama* und *Trauma* haben beide ihre Wurzeln im Altgriechischen:

- *Drama* basiert auf dem Verb *dran*, was so viel bedeutet wie »handeln« oder »tun« und sich buchstäblich auf Theaterproduktionen bezog. In gewisser Weise ist unsere moderne Definition ähnlich, nur dass sich der Begriff heute auf das »Theater« des Lebens bezieht. Wenn ein Film als Drama bezeichnet wird, bedeutet es in der Regel, dass wir emotional schmerzhafte Szenen sehen werden.
- *Trauma* im Altgriechischen bedeutete »Wunde«, »Verletzung« oder »Niederlage«. Heute wird der Begriff Trauma in der Medizin für physische Verletzungen verwendet. Viele Traumata jedoch verletzen in erster Linie die Seele und die Emotionen. Das gilt vor allem dann, wenn Sie wiederholt Traumata in Ihrem Leben erlitten haben.

In vielen dieser Fälle fühlt sich die betroffene Person vom Tode bedroht. Dazu gehören unter anderem Autounfälle, Kindesmissbrauch, Naturkatastrophen, Krieg, schwere Erkrankungen, der plötzliche und unerwartete Tod eines geliebten Menschen oder ein Verbrechen.
Ein Trauma hat Umstrukturierungen in Ihren Gehirnmustern zur Folge, was dazu führen kann, dass man empfänglich dafür wird, Trauma und Drama erneut zu erleben.

Schauen Sie sich Ihr Drama genau an

Drama, ein sekundäres Muster nach einem Trauma, ist eine Form der Selbstsabotage und Selbstbestrafung, die extrem suchterzeugend ist. Auch wenn Sie protestieren und sagen, Sie können Drama nicht ausstehen, gibt es »sekundäre Belohnungen«, die daraus resultieren, dass Sie sich auf dramatische Situationen und Beziehungen einlassen. Hier einige Beispiele:

- Sympathiebekundungen und andere Formen der Aufmerksamkeit von anderen
- Den Fokus auf die Probleme eines anderen richten anstatt auf die eigenen
- Eine wunderbare Ausrede sich selbst gegenüber, die Dinge aufzuschieben
- Das Gefühl haben, gebraucht zu werden, entweder indem man andere rettet oder selbst gerettet wird

Drama ist ein unseliger Teil der »Reviktimisierung« (wiederholtes Trauma), ein häufig zu beobachtendes Phänomen bei Menschen, die Traumata erlitten haben. Wir werden dieses Konzept im nächsten Kapitel näher betrachten und im Laufe des vorliegenden Buches immer wieder Lösungen anbieten. Doch zunächst wollen wir Ihren persönlichen Drama-Quotienten identifizieren, was bei der Beantwortung folgender Fragen hilfreich sein wird:

- Wie groß ist Ihre Toleranz für Drama?
- Wie sehr lassen Sie sich vom Drama anderer Menschen vereinnahmen?
- Kennen Sie den Unterschied zwischen drama-basierter Rettung und echter Hilfe für jemanden, der Hilfe braucht?
- Ziehen Sie Ihr eigenes Drama an?

Der folgende Selbsttest ist keine wissenschaftlich verifizierte Testmethode, beruht jedoch auf wissenschaftlichen Untersuchungen über posttraumatische Symptome und die Sucht nach chemischen Abläufen, die Stress auslösen.

DRAMA-QUOTIENT-SELBSTTEST

Beantworten Sie jede Frage mit »Ja« oder »Nein«

1. Ich ertrage es nicht, allein zu sein.
2. Ich bin lieber in einer schwierigen Beziehung, als allein.
3. Ich fühle mich in der Regel zu Personen hingezogen, die Probleme haben.
4. Ich hatte mehr als einmal Partner, die mich schlecht behandelt haben.
5. Ich hatte eine schwierige Kindheit.
6. Ich fühle mich oft schuldig.
7. Ich liebe es, Magazine und Online-Berichte über Prominente zu lesen.
8. Bei Gesprächen scheine ich immer am meisten über das Privatleben von Prominenten zu wissen.
9. Ich liebe Reality-Shows im Fernsehen.
10. In meinem Leben scheint sich ein Drama nach dem anderen zu ereignen.
11. Mein Leben würde sich perfekt als Vorlage für eine Seifenoper eignen.
12. Die Leute lieben es, mir von ihren Problemen zu erzählen.
13. Ich verbringe einen großen Teil meiner Zeit damit, anderen zu helfen.
14. Manchmal frage ich mich, ob innerer Frieden eine echte Möglichkeit ist oder nur ein Märchen.
15. Langeweile ist eines der schlimmsten Dinge, die ich mir vorstellen kann.
16. Meine Familie behauptet, dass ich immer alles übertreibe und schlimmer mache, als es ist.
17. Ich könnte glücklich und zufrieden sein, wenn meine Angehörigen endlich ihr Leben in den Griff kriegen würden.

18. Ich empfinde mich als einen sehr starken Menschen, der viel mehr auf sich nehmen kann als der durchschnittliche Mensch.
19. Ich besuche meine Familie, weil ich Schuldgefühle habe und mich verpflichtet fühle, und nicht, weil ich den Wunsch verspüre, sie zu sehen.
20. Ich bereue es oft, meine Intuition zu ignorieren.
21. Ich bin einer der am härtesten arbeitenden Menschen, die ich kenne.
22. Wenn in den Nachrichten über gewaltsame und tragische Ereignisse berichtet wird, regt mich das sehr auf.
23. Wenn mir jemand von seinen Problemen erzählt hat, muss ich ständig daran denken.
24. Es fällt mir schwer, mich zu konzentrieren.
25. Ich bin oft vergesslich.
26. Um meine Energie hoch zu halten, brauche ich Koffein und/oder Zucker.
27. Ich habe oft Heißhunger auf fermentierte Nahrungsmittel, wie zum Beispiel Essig und scharfen Käse.
28. Ich entspanne mich, indem ich mir ein großes Glas Wein oder andere alkoholische Getränke gönne.
29. Ich mache mir Sorgen bezüglich der nächsten großen Katastrophe in meinem Leben.
30. Ich bin physisch oder emotional missbraucht worden.
31. Ich habe ein oder mehrere Traumata in meinem Leben erfahren.
32. Wenn irgendwo auf der Welt etwas Schlimmes passiert, lese ich wie besessen Artikel darüber oder schaue sie mir im Internet an.
33. Manchmal habe ich das Gefühl, als wäre ich nicht real und als wäre das Leben nur ein Film.

34. Ich fühle mich sehr oft benebelt, so als wäre ich außerhalb meines Körpers.
35. Ich habe oft Hautjucken.
36. Ich fühle mich häufig aufgeschwemmt, weil ich zu viel Wasser im Körper habe.

Drama-Quotient Auflösung:

- Wenn Sie 27 oder mehr Fragen mit »Ja« beantwortet haben: **Sie stehen stark unter Stress.**

Ihre Antworten deuten darauf hin, dass Sie Trauma erfahren haben und sich jetzt in einem süchtig machenden Drama-Kreislauf befinden. Sie haben das tiefe Bedürfnis, mit anderen Menschen zusammen zu sein; doch ist das Leben dieser Personen in der Regel hochdramatisch, was sich negativ auf Ihr eigenes Leben auswirkt.

- Wenn Sie zwischen 18 und 26 Fragen mit »Ja« beantwortet haben: **Sie sind gestresst.**

Basierend auf Ihren Antworten sind Sie wahrscheinlich die meiste Zeit über nervös und angespannt. Ihre Lebensweise bringt großen Stress mit sich und ist erfüllt von Drama, sowohl in Ihrem Job als auch in Ihren Beziehungen.

- Wenn Sie 9 bis 17 Fragen mit »Ja« beantwortet haben: **Sie sind etwas gestresst.**

Ihre Antworten zeigen, dass es Stress gibt in Ihrem Leben; Sie haben jedoch gelernt, wie Sie auf eine gesunde Weise damit umgehen können.

– Wenn Sie 8 oder weniger Fragen mit »Ja« beantwortet haben:
Sie strahlen!
Herzlichen Glückwunsch! Angenommen, Sie haben ehrlich geantwortet – und sind sich Ihrer wahren Gefühle bewusst – haben Sie Ihr Leben so arrangiert, dass Sie nur minimalen Stress haben und ausgezeichnet auf sich achten. Wenn allerdings Ihre wenigen »Jas« daher rühren, dass Sie sich Ihres Stresslevels nicht bewusst sind, oder weil Perfektionismus Sie veranlasst, die Wahrheit über Ihr Leben zu verleugnen, haben Sie einen entsprechend höheren Drama-Quotienten.

Ihr Drama-Quotient zeigt Ihre Bereitschaft, Ihr Leben von Stress beherrschen zu lassen. Wie Sie in diesem Buch lesen werden, haben Sie jedoch die Wahl, Stress zuzulassen oder abzulehnen.

Die Entscheidungen, die wir treffen

Manche Menschen glauben, dass Stress etwas ist, das außerhalb von ihnen existiert und ihnen zustößt. Doch wenn Sie das Erwachsenenalter erreicht haben und die Fähigkeit, Ihre eigenen Entscheidungen in Bezug auf Ihr weiteres Leben zu treffen, haben Sie tatsächlich die Möglichkeit, ein Leben mit geringem Stressfaktor zu wählen.
Falls sich das langweilig anhören sollte oder solch ein Leben für Sie unerreichbar zu sein scheint, ist das ein Indiz dafür, dass Sie süchtig nach Drama sind.
Unter Umständen sind Sie selbst kein Mensch, der zu Drama neigt, fühlen sich jedoch zu solchen Menschen hingezogen. Falls dies der Fall ist, haben Sie wahrscheinlich das Gefühl, als würde Ihr Leben irgendwie feststecken, weil Sie Ihre ganze

Zeit damit verbringen, Menschen, die Ihnen am Herzen liegen, vor dem Schlimmsten zu bewahren. Sie warten auf den Tag, wo Ihre Lieben in der Lage sind, ein glückliches Leben zu führen – damit Sie Ihr eigenes beginnen können.
Wir haben oft das Gefühl, als hätten wir Drama und Stress nicht selbst verursacht. Irgendwie spüren wir, dass Drama uns *zustößt* und nicht *von uns ausgelöst* wird. Ohne Zweifel gibt es Momente, wo dies zutrifft, wenn zum Beispiel ein Angehöriger zahlreiche dramatische Ereignisse erlebt.
Es gibt jedoch andere Momente, in denen klar ist, dass Sie die Kontrolle über die Situation haben, wenn Sie zum Beispiel:

- Freunde oder Partner wählen, die ein hohes Drama-Potenzial aufweisen
- Sich auf Aktivitäten mit geringer Priorität fokussieren anstatt an dem zu arbeiten, was Ihnen wichtig ist
- Ihr inneres Wissen ignorieren, das Sie vor einer Person, Verhaltensweise oder Situation warnt
- Über Ihre Verhältnisse leben und mehr Geld ausgeben, als Ihr Budget erlaubt
- Süchtig nach Substanzen sind, die Ihre Angst (unter anderem *aufputschende Mittel,* einschließlich Koffein, Nikotin und Zucker) oder Depression (beispielsweise *Antidepressiva,* einschließlich Alkohol) verstärken
- Nicht vorausplanen und plötzlich vor einer Deadline stehen, die Sie unmöglich einhalten können – ein Wettrennen gegen die Zeit ist die Folge

Dies sind nur ein paar Beispiele, wie unsere persönlichen Entscheidungen das Drama in unserem Leben verstärken kön-

nen – und unsere Lebensfreude trüben oder erstrahlen lassen können! All dies sind Formen der Selbstsabotage.
Das ist nicht als Vorwurf gemeint (schließlich helfen Vorwürfe niemandem weiter). Vielmehr ist es ein Weckruf, um Ihnen zu helfen, nach Ihrem wunderbaren Strahlen und allem, was damit einhergeht, zu forschen und es wiederzugewinnen: Glück, Gesundheit, Frieden, Fülle und hohe Selbstachtung.
Im nächsten Kapitel werden wir diskutieren, warum Drama sowohl abstoßend als auch anziehend ist.

KAPITEL 2

Warum Sie immer wieder mit Drama konfrontiert sind

Ist Ihr Leben wie ein fortlaufendes »Film-der-Woche«-Drama, während Sie auf einen friedlichen Moment warten, um endlich mal verschnaufen zu können?
Wenn ja, halten Sie zum Glück selbst den Schlüssel in der Hand, dieses ganze Drama einfach abzuschalten – oder zumindest das meiste davon. Aber zuerst müssen wir dem Grund für die Anziehungskraft von Drama auf die Spur kommen.

Drama und chemische Vorgänge im Gehirn

Unser Gehirn ist auf wunderbare und geniale Weise in der Lage, chemische Stoffe zu produzieren und uns vor Schmerzen zu schützen. Das Problem ist, dass manche dieser Stoffe sich so gut anfühlen, dass wir süchtig danach werden.
Lassen Sie uns zum Anfang zurückkehren. Unsere Gehirne waren so eingestellt, dass sie unseren Ahnen halfen zu überleben. Wir entwickelten die Fähigkeit zu erkennen, wenn etwas Gefährliches oder Außergewöhnliches in der Luft lag. Daher überprüfen wir ständig unsere Umgebung nach ungewöhnlichen Ereignissen. Dies ist ein Selbstschutzmechanismus, der

uns alarmiert, wenn es Zeit ist zu fliehen – oder zu kämpfen. Das nennt man den »Kampf- oder Flucht-Impuls«.
Wenn Sie ein traumatisches Erlebnis hatten, bei dem Sie Ihren Kampf- oder Flucht-Impuls benutzen mussten, erinnern sich Ihr Körper und Ihr Gehirn auf einer zellularen und chemischen Ebene an diesen Moment.
Ähnlich verhält es sich, wenn das Trauma Sie vollkommen überwältigt hat und Sie wie das Kaninchen vor der Schlange reagiert und sich »tot gestellt« haben: Sie fühlten sich hilflos und erstarrten, um Ihr Leben zu retten. Dieses Erstarren ist eine von unseren Ahnen übernommene instinktive Reaktion angesichts überwältigender Gefahr.
Nach dem Trauma kann es passieren, dass sich das Notfallsystem Ihres Körpers nicht mehr von selbst abschaltet. Was zur Folge hat, dass Sie auf alles überreagieren, so als handele es sich um eine dringende Angelegenheit. Sie geraten in Panik, wobei in Wahrheit alles in Ordnung ist.
Der Psychotherapeut Pete Walker, Autor des Buches *Complex PTSD*, hat das Konzept von Kampf-, Flucht- und Erstarrungs-Reaktionen um eine zusätzliche Traumareaktion erweitert, die »Einschmeicheln« genannt wird. Einschmeicheln ist der Versuch, jemandem zu gefallen oder ihn zu besänftigen, um in Sicherheit zu sein und die eigenen Bedürfnisse erfüllt zu bekommen.
Hier sind die vier Reaktionen auf Trauma:

- **Kampf:** Sich wehren und dem Trauma widerstehen.
- **Flucht:** Vor dem Trauma flüchten.
- **Erstarren:** Entspricht dem Kaninchen, das sich »tot stellt«, um Entdeckung und Gefahr zu vermeiden. Dazu gehört auch, Ihr Bewusstsein abzutrennen (Dissoziation), damit Sie Schmerzen nicht bewusst erleben.

- **Einschmeicheln:** Der Versuch, sich den am Trauma beteiligten Personen zu fügen und ihnen zu gefallen (zum Beispiel bei Misshandlung seitens der Eltern).

Jeder von uns definiert *Trauma* anders. Was für Sie traumatisierend ist, macht einem andern vielleicht nichts aus.
Die meisten Forscher definieren *Trauma* als eine Erfahrung, bei der man glaubt, man müsse sterben, sich vollkommen hilflos fühlt oder von Entsetzen erfüllt ist. Trauma kann alles sein, das Sie plötzlich total desorientiert und aus dem Lot bringt. Eine Erfahrung, die Sie in solche Todesangst versetzt, dass Sie sich nicht mehr sicher fühlen in der Welt.
Wie ich bereits im letzten Kapitel kurz erwähnt habe, können die folgenden Situationen allesamt Traumata auslösen:

- Der plötzliche und unerwartete Tod eines geliebten Menschen (oder Tieres)
- Scheidung – Ihre eigene, die Ihrer Eltern oder anderer Menschen, die Ihnen am Herzen liegen
- Missbrauch – physisch oder emotional (einschließlich Vernachlässigung)
- Schwere Krankheit
- Eine lebensbedrohende Situation
- Umzug
- Ein Unfall
- Eine schwere Geburt
- Finanzielle Probleme
- Schikanen und verletzende Hänseleien

- Auseinanderbrechen einer Freundschaft
- Jobverlust
- Krawalle, Aufstände und öffentliche Unruhen
- Missbrauch in einer Beziehung
- Verlust des Glaubens an Gott oder eine Religion
- Operation
- Eine Abtreibung vornehmen lassen
- Probleme mit dem Gesetz
- Freiheitsentzug, Gefängnis
- Krieg oder Militärdienst
- Verlust Ihres Zuhauses
- Einem Verbrechen zum Opfer fallen
- Naturkatastrophen (Überschwemmung, Wirbelsturm, Erdbeben etc.)
- Gewalt erfahren oder mitansehen
- Alles, was Ihr Gefühl von Sicherheit und Berechenbarkeit erschüttert

Je mehr Traumata Sie erlebt haben, desto mehr reagieren Sie mit übertriebener Wachsamkeit, indem Sie alles ständig nach Anzeichen von Gefahr absuchen. Der älteste Teil Ihres Gehirns, der die Aufgabe hat, ungewöhnliche Ereignisse zu bemerken, ist ständig aktiv.

Das bedeutet, dass Sie schreckhaft, nervös, ängstlich und besorgt sind … und auf das nächste Trauma warten. Sie gehen

davon aus, dass hinter jeder Ecke eine Gefahr lauert, und es fällt Ihnen schwer, sich auf Arbeit, Studium oder andere »normale« Dinge zu konzentrieren.
Ihre chronische Angst greift Ihre Nerven und Ihr Immunsystem an und macht es Ihnen schwer, sich wohl und glücklich zu fühlen. Indem Sie das Schlimmste erwarten, kann es passieren, dass Sie es unbewusst anziehen oder sogar auslösen.
Forscher haben herausgefunden, dass Personen, die Traumata erlebt haben, viel intensiver auf Stress reagieren als nicht-traumatisierte Menschen. Wenn Sie einmal traumatisiert wurden, …

- … empfinden Sie Situationen, die anderen belanglos erscheinen, als großes Problem.
- … haben Sie ausgeprägte physische sowie emotionale Reaktionen, beispielsweise Panik, Wut und Angst.
- … ist der wachsame Teil Ihres Gehirns ständig in höchster Alarmbereitschaft (es sei denn, Sie unternehmen Schritte dagegen, über die Sie später in diesem Buch mehr erfahren werden).

Zudem kann es sein, dass Negativität Sie daran hindert, Ihr inhärentes Warnsystem (Ihre Intuition) zu bemerken. Wir alle haben die Fähigkeit, Gefahr zu spüren und zu vermeiden. Und obwohl Sie angestrengt Ausschau danach halten, sorgen Sie vielleicht unfreiwillig dafür, weitere Traumata zu erfahren, weil Sie von Ihrem eigenen Bauchgefühl abgekoppelt sind, das Sie vor gefährlichen Situationen warnt.

Die Sucht nach Drama

Untersuchungen, publiziert von Dr. Bessel van der Kolk (bekannt als Ur-Vater der Traumaforschung) zeigen, wie der Körper sich auf eine Weise an die Umwelt anpassen kann, um zuvor unangenehme und dramatische Situationen als aufregend und angenehm zu empfinden. Er schreibt:

> *Diese allmähliche Anpassung signalisiert, dass sich ein neues chemisches Gleichgewicht im Körper etabliert hat… Genau wie bei der Sucht nach Drogen entwickeln wir ein Verlangen nach der (traumatischen) Aktivität und erleben Entzugssymptome, wenn sie nicht verfügbar ist. Langfristig macht dem Menschen der Schmerz des Entzugs mehr zu schaffen als die Aktivität selbst.* (van der Kolk 2014)

Glücksspiel macht auf ähnliche Weise süchtig, weil das im Gehirn produzierte Wohlfühl-Hormon Dopamin in unsicheren Situationen aktiviert wird. Beim Glücksspiel wissen Sie nie, *wann* das Ziehen am Griff des Glücksspielautomaten zu Gewinn und Aufregung führen wird. Was dazu führt, dass Sie *immer wieder* den Griff ziehen.

Die Sucht nach Drama ist identisch mit der Sucht nach Glücksspiel, da in Erwartung einer möglichen Belohnung Dopamin freigesetzt wird. Wenn etwas scheinbar als Gefahr wahrgenommen wird, sind es Stresshormone, die eine ebenso angenehme Aufregung hervorrufen.

Sucht nach Stresshormonen

Wenn Sie in einem von Drama erfüllten Zuhause aufgewachsen sind, scheint diese Energie vertraut und sogar angenehm zu sein. Es ist das, was Sie seit frühester Jugend kennen, und vielleicht haben Sie sogar das Gefühl, dass Sie es kontrollieren und vorhersagen können.

Manche Theoretiker glauben, dass die Sucht nach Drama auf eine Vernachlässigung in der Kindheit zurückzuführen ist.

Wenn Sie nur durch dramatische Auftritte die Aufmerksamkeit Ihrer Eltern erlangten, kann sich dieses Muster bis ins Erwachsenenalter fortsetzen.

Darüber hinaus produzieren extreme Stresssituationen zu Hause, in der Schule und im Beruf süchtig machende Hormone und Gehirnchemie-Muster. Wenn Sie sich zum Beispiel angetrieben haben, in der Schule immer die besten Noten zu bekommen, gewöhnen sich Ihr Gehirn und Ihr Körper an hohe Adrenalin-, Cortisol- und Histamin- Spiegel.

Stresshormone werden als Reaktion auf echte oder scheinbare Gefahren ausgeschüttet. Sie lösen ein Hochgefühl aus, mit nützlichen Vorteilen wie klarem Denken, gesteigerter Energie und sogar übermenschlichen Kräften (wir alle haben schon die Geschichten von zarten Müttern gehört, die in der Lage waren, ein Auto anzuheben, um ihre Kinder zu retten).

Dieses Hochgefühl macht in der gleichen Weise süchtig, wie es Menschen ergeht, die nur mithilfe von Koffein die nötige Energie für den Tag gewinnen. Niemand braucht Koffein oder Adrenalin, doch der Glaube es zu benötigen kann neben einem wie auch immer gearteten physischen Verlangen zu einer psychologischen Abhängigkeit führen.

Menschen, die süchtig sind nach »Stress-Chemikalien« wie Adrenalin, Cortisol und Histamin leiden unter Entzugssymptomen, wenn das Leben ruhig und ohne Gefahr verläuft. Langeweile stellt sich ein, und unbewusst sorgen sie für Aufregung, indem sie Drama kreieren, um die Adrenalin-Produktion anzukurbeln.

Stresshormone sind in gefährlichen Kampf-oder-Flucht-Situationen hilfreich, da sie uns ermöglichen, schnell und entschieden lebensrettende Aktionen vorzunehmen. Doch wenn die Hormone aufgrund der Wahrnehmung, dass das Leben *immer* gefährlich ist, ständig ausgeschüttet werden, kann dies unter anderem zu einer Schwächung des Immunsystems, erhöhtem

Blutdruck und erhöhter Herzfrequenz, Akne, Verdauungsstörungen, Fettleibigkeit und reduzierter Libido führen.
Menschen mit einer Sucht nach Stresshormonen betrachten das Leben als eine gefährliche Herausforderung. Sie versuchen ständig, die Oberhand zu gewinnen, schneller zu sein, mehr zu erreichen und die Konkurrenz zu überholen.
Es gibt zahllose metabolische Prozesse, die mit Stressreaktionen zu tun haben. An dieser Stelle wollen wir jedoch nur die drei wichtigsten Stresshormone näher betrachten, die sich negativ auf uns auswirken. Hier eine sehr vereinfachte Zusammenfassung:

– **Adrenalin,** auch bekannt als Epinephrin, ist ein Hormon und Neurotransmitter. Es wird von den Nebennieren produziert, zwei daumengroßen Drüsen auf den Nieren im unteren Rückenbereich. Adrenalin wird freigesetzt als Reaktion auf Angst, indem es das sympathische Nervensystem aktiviert, das den Körper antreibt, aktiv zu werden und zu fliehen – oder den Furcht einflößenden Gegner bzw. die Herausforderung zu bekämpfen. Adrenalin sorgt für eine schnellere Herzfrequenz. Zu viel Adrenalin über einen längeren Zeitraum kann jedoch zu Herzerkrankungen und Herzversagen führen.

– **Cortisol** ist ein steroidales Hormon, produziert von den Nebennieren. In stressigen Situationen erhöht Cortisol den Blutzuckerspiegel für zusätzliche Energie, unterdrückt das Immunsystem und sorgt dafür, dass Nahrung als Fett im Bauchbereich gespeichert wird. Dies ist eine ursprüngliche Reaktion auf Stress, da in der Frühzeit dramatischen Umständen häufig Hungersnöte folgten. Darüber hinaus verstärkt Cortisol den Appetit, vor allem auf Süßes. Übermäßiges Cortisol im Blut vermindert die Collagen-Produktion – der Grund, warum Stress zu Falten führt. Zudem trägt es zu Fettleibigkeit und Osteoporose bei.

Eine Untersuchung aus dem Jahr 2015 zeigte, dass Personen mit posttraumatischen Symptomen eine bessere Erinnerungsfunktion aufwiesen, wenn ihr Cortisol erhöht war. Das Gegenteil trifft zu bei Personen ohne posttraumatische Symptome. *Was bedeuten kann, dass Personen, die Trauma erlebt hatten, süchtig wurden nach Cortisol*, weil es die kognitive Leistung ankurbelte, zumindest in Bezug auf ihr Erinnerungsvermögen. Die Menge an Cortisol oder anderen Stresshormonen ist zudem bei Menschen erhöht, deren Ehe oder Beziehung von Negativität gekennzeichnet ist. Diese ständige Negativität kann zu einer Sucht nach Drama führen, die sich in ehelichen Streitereien und Konflikten entlädt (begleitet von verminderter Immunfunktion und Wundheilung).
Mehrere Studien haben den Cortisol-Spiegel von Trauma-Betroffenen untersucht. In einer globalen Nachprüfung dieser Studien aus dem Jahre 2006 wurde festgestellt, dass Menschen, die Trauma erfahren haben, einen geringeren Cortisol-Spiegel aufwiesen als die durchschnittliche Bevölkerung. Insbesondere bei Frauen, die das Trauma physischen Missbrauchs erlitten haben (einschließlich sexueller Übergriffe) ist durchweg ein niedrigerer Cortisol-Spiegel zu beobachten.
Obwohl Cortisol ein süchtig machendes Stresshormon ist, das zu Fettleibigkeit und anderen Problemen beiträgt, ist ein ungewöhnlich niedriger Cortisol-Spiegel ebenso ungesund. Was bedeutet, dass Personen mit posttraumatischem Stress und vermindertem Cortisol keinen ausreichenden Hormonschutz für ihr Immunsystem haben. Es ist eine Frage des Gleichgewichts. Ihr Cortisol-Spiegel sollte weder zu hoch noch zu niedrig sein.

– **Histamin** ist ein Neurotransmitter, produziert von den Mastzellen und weißen Blutkörperchen als Reaktion auf Allergene. Die Ausschüttung von Histamin löst allergische Reaktionen aus, unter anderem Schwellungen, Wassereinlagerungen,

Nesselsucht, Ausschlag, laufende Nase, tränende Augen, Niesen und Juckreiz. Auch die Seekrankheit ist auf einen hohen Histamin-Spiegel zurückzuführen.
Histamin ist jedoch kein Übeltäter, da es Wachsamkeit und schnelles Handeln fördert. Wenn wir allerdings zu viel davon produzieren oder zu uns nehmen, kann dies zu Schlaflosigkeit und Angstzuständen führen. Ein exzessiv hoher Histamin-Spiegel wirkt sich überdies negativ auf die Lungen aus und kann zu Kurzatmigkeit führen und eine Panikattacke auslösen. Hypervigilanz (erhöhte Wachheit), ein posttraumatisches Symptom, ist ebenso eine Folge exzessiven Histamins.

Der Konsum von großen Mengen Zucker, Schokolade, Nikotin, Koffein und anderen Stimulanzien verstärkt die Adrenalin-, Cortisol- und Histamin-Produktion. Ein Aspekt der Sucht nach Drama sind die Körper- und Gehirn-Wohlfühl-Chemikalien *Dopamin*, *Serotonin* und *Oxytozin.* Die Beziehung zwischen diesen chemischen Stoffen und Drama wird in diesem Buch immer wieder beschrieben.
Bei allen chemischen Abläufen in Gehirn und Körper geht es stets um das richtige Gleichgewicht. Mangel oder Überangebot eines chemischen Stoffs bringt das ganze System aus dem Takt.

Burnout-Syndrom

Burnout-Syndrom bezieht sich auf Menschen, die unter langfristiger Erschöpfung, Depression und einem reduzierten Interesse an ihrer Arbeit oder am Leben generell leiden.
Untersuchungen zeigen, dass Burnout den Stresshormon-Level erhöht, was sich negativ auf das Herz-Kreislauf-System auswirken und zu Übergewicht führen kann.
Bei Menschen, die von Burnout betroffen sind, sind eine auffallende Schwächung des Kurzzeitgedächtnisses sowie eine

geringere Aufmerksamkeitsfähigkeit zu beobachten. In der Regel gehen wir davon aus, dass Burnout berufsbedingt ist. Wir stellen uns einen Menschen vor, der bis in die Nacht arbeitet, seinen Job nur aus Geldgründen macht und nicht aus persönlicher Leidenschaft, oder das Konkurrenzdenken und die Zustände an seinem Arbeitsplatz ablehnt.

Das Modell dieses Phänomens, entwickelt von Dr. Geri Puleo, einem führenden Forscher zu diesem Thema, zeigt, dass Personen, die zu Burnout neigen, die »Stars« in der Firma sind. Sie sind es, die sich auszeichnen, unbedingt weiterkommen wollen und freiwillig zusätzliche Aufgaben übernehmen. Wenn ihre Bemühungen dann nicht ausreichend belohnt werden, sind sie wütend und frustriert. Dies führt zu Apathie und einer reduzierten Begeisterung in Bezug auf ihre Arbeit. Die Apathie wiederum ist der Vorläufer von Burnout.

Eine umfangreiche Studie über Krankenschwestern kam zu dem Schluss, dass jene, bei denen eine posttraumatische Belastungsstörung (PTBS) diagnostiziert wurde, auch zum Burnout-Syndrom neigten. Das Gegenteil bestätigte sich nicht (Personen, die Burnout erleben, leiden nicht unbedingt unter PTBS.)

Manchmal schließt ein Burnout Frustration und Depression ein, da man sich aufgrund ständiger Enttäuschungen ausgebrannt fühlt. Das ist häufig ein Resultat ungelösten Traumas, das zu Drama und Sucht nach Stress fuhrt.

Eine Studie zeigte, dass ein spirituelles Glaubenssystem vor der Entwicklung eines Burnout schützen kann – etwas, dass die Wissenschaftler den »Mutter-Teresa-Effekt« nennen (Newmeyer et al., 2014).

Hypervigilanz

Menschen, die in ihrer Kindheit Missbrauch erlitten haben, entwickeln Hypervigilanz, einen Zustand erhöhter Wachheit, als Fähigkeit zum Überleben. Sich auf die Stimmung von Mutter oder Vater einzustellen, hat ihnen ermöglicht, darauf zu achten, sie nicht zu provozieren oder ihren Zorn zu mehren. Auch ein erhöhter Histamin-Spiegel könnte eine Hypervigilanz ausgelöst haben. Sie haben gelernt, es allen immer recht zu machen, indem sie sich verstellt haben, um ihre Eltern zu besänftigen.

Es allen immer recht machen

Menschen, die in einer Umgebung aufgewachsen sind, wo sie »wie auf Eierschalen gehen mussten«, um Streitereien in der Familie zu vermeiden, haben als Erwachsene Schwierigkeiten, diese Ausprägung zu erkennen. Sie gehen auf Zehenspitzen durch ihre Beziehungen, um ängstlich dem Minenfeld der Konflikte auszuweichen. Sie haben schreckliche Angst, dass jemand wütend auf sie oder von ihnen enttäuscht sein könnte. Ihr Fokus liegt mehr auf den Gefühlen anderer Personen als auf ihren eigenen.

Ein nach außen gerichteter Fokus, um die Stimmung anderer Menschen zu erkennen, wurde als Fähigkeit entwickelt, um überleben zu können. Dr. Peter Levine beschreibt, wie Gazellen vor Gefahr gewarnt werden, indem ein einzelnes Mitglied seiner Herde erschreckt auf etwas reagiert. Wenn eines der Tiere vor einer vermeintlichen Gefahr flieht, folgt der Rest der Herde auf der Stelle. Dr. Levine vermutet, dass es sich bei Menschen genauso verhält.

Levine sagt, dass Menschen intuitiv erkennen, ob jemand schlechte Laune hat. Wir gehen instinktiv wütenden Personen aus dem Weg, da sie uns angreifen könnten. Darüber hinaus

nehmen wir unbewusst Menschen wahr, deren Körpersprache zeigt, dass sie Angst haben, da ihre Angst ein Signal ist, dass wir selbst auch vor der vermeintlichen Gefahr fliehen sollten (Levine, 2010).
Daher kann man sagen, dass die Wahrnehmung der Stimmung anderer Menschen dafür sorgt, dass wir in Sicherheit sind. Doch dieser Instinkt kann uns anderseits davon abhalten, unsere eigenen Gedanken und Gefühle wahrzunehmen. Wir sind so sehr auf andere fokussiert, dass wir es versäumen, uns selbst zu fragen: *Wie fühle* ich *mich in diesem Moment?*
Zudem sind Personen, deren Fokus nach außen gerichtet ist, eher gefährdet, sich einer »erlernten Hilflosigkeit« hinzugeben – einem mentalen Zustand, in dem man depressiv wird, weil man sich gefangen fühlt, so als gäbe es keinen Ausweg. Menschen, die einen inneren Kontrollschalter besitzen – indem sie glauben, selbst über ihr Schicksal zu bestimmen – neigen seltener dazu, eine auf erlernter Hilflosigkeit basierende Depression zu entwickeln.

Langeweile

Hypervigilanz bedeutet außerdem, dass Sie sich schnell langweilen. Ein Mensch, der ständig seine Umgebung nach potenziellen Gefahren absucht, rechnet immer mit ungewöhnlichen Vorkommnissen. Alles Neue ist ein Zeichen dafür, dass irgendetwas nicht stimmt. Sie übersehen dabei all die Aspekte, die normal und alltäglich sind.
Hypervigilanz bedeutet, dass Sie nach Neuigkeiten suchen. Wenn die Dinge immer gleich sind, wird Ihre Wachsamkeit nicht belohnt. Sie suchen angestrengt nach etwas, das aus der Norm fällt und daher ein Zeichen für Gefahr ist, doch alles, was Sie sehen, sind die gleichen Dinge wie am Tag zuvor.
Das ist der Moment, wo Langeweile einsetzt, weil sich Ihre Bemühungen, eine Gefahr rechtzeitig zu entdecken, nicht auszah-

len. Langeweile ist Teil der Sucht nach Drama und auf erlittenes Trauma zurückzuführen. Daher kann Hypervigilanz zur Folge haben, dass Sie die Dinge durcheinanderbringen, damit Sie sich auf etwas Neues fokussieren können. Wenn das Leben zu leicht dahinzufließen scheint, stellen Sie es kurzerhand auf den Kopf.

Langeweile ist Teil der Sucht nach Drama und auf erlittenes Trauma zurückzuführen.

Konzentrationsschwierigkeiten

Personen, die traumatisiert wurden, haben häufig eine Lernschwäche, einschließlich Gedächtnisprobleme und Konzentrationsschwierigkeiten. Trauma-Betroffene werden schnell abgelenkt; daher fällt es ihnen schwer, Aufgaben zu Ende zu bringen.

Forscher glauben, dass Übererregung zu einer Tendenz führt, Einzelheiten zu übersehen oder sich nicht daran zu erinnern. Unsere unmittelbare Umgebung erscheint undeutlich, wie in einem Nebel. Darüber hinaus wirkt das konstante Durchsuchen der Umgebung nach etwas Aufregendem oder Gefährlichem ablenkend.

Schwierigkeiten mit der Konzentration gehen einher mit Schlafstörungen, insbesondere Schlaflosigkeit, eine Folge der Hypervigilanz. Jemand, der nicht schlafen kann, ist immer wachsam und auf der Hut, was sein Stresshormon-Level und seine Herzfrequenz steigert und das sympathische Nervensystem stimuliert. Eine der Aufgaben von Histamin, das als Reaktion auf Stress vermehrt produziert wird, ist es, dafür zu sorgen, dass Sie hellwach sind. Diese Abläufe machen Entspannung und Schlaf schwierig.

Aufmerksamkeitsdefizit durch Trauma

Es gibt viele Ähnlichkeiten zwischen den diagnostischen Kriterien für eine Aufmerksamkeitsdefizitstörung und eine posttraumatische Belastungsstörung. In beiden Fällen sind Lern- und Konzentrationsstörungen zu beobachten, ebenso Ruhelosigkeit, Unaufmerksamkeit, Impulsivität, Schlafstörungen, schlechtes Gedächtnis, Probleme mit Wut, Ungeduld, Suchtverhalten, Angst und geringe Selbstachtung.

Der Hauptunterschied ist *Hypervigilanz*, charakteristisch für Trauma-Betroffene und nicht Teil des Verhaltensspektrums bei Personen mit einem Aufmerksamkeitsdefizitsyndrom. Hypervigilanz, wie Sie sich erinnern können, ist das ständige Absuchen der Umgebung nach möglichen Gefahren.

Ein weiterer Unterschied ist die Tendenz zu Flashbacks bei Menschen, die ein Trauma erlitten haben … indem sie es durch Alpträume sowohl im Wachzustand als auch im Schlaf immer wieder neu erleben.

Die meisten Behandlungsmodalitäten bei einem Aufmerksamkeitsdefizitsyndrom beziehen sich nicht auf vergangenes Trauma. Da die Behandlung von posttraumatischen Problemen sich von der beim Aufmerksamkeitsdefizitsyndrom unterscheidet, ist es wichtig, über vergangene Traumata des Betreffenden informiert zu sein. In Teil II dieses Buches werden Sie mehr über die neuesten Empfehlungen für die Behandlung von posttraumatischen Störungen erfahren.

Impulsivität und Süchte

Das Bedürfnis nach sofortiger Belohnung ist bei Personen, die Traumata erlitten haben, häufig anzutreffen. Es besteht ein zwingender Druck, den Schmerz zu betäuben, vor allem wenn die Situation als gefährliche Krise wahrgenommen wird (auch wenn sie es in Wahrheit nicht ist). *Jedes* Problem erscheint

Trauma-Betroffenen wie eine bedrohliche Krise, was dazu führt, dass ihnen vorgeworfen wird, sie würden überreagieren. Forscher haben starke impulsive Tendenzen bei Trauma-Betroffenen festgestellt, wie übermäßiges Essen, zwanghafte Essattacken und übermäßiger Konsum von Alkohol und Drogen. Auch impulsives Shopping ist weitverbreitet bei Menschen, die versuchen, ihre Gefühle zu überdecken und durch ihre Einkäufe gesellschaftliche Anerkennung zu finden.
Tragischerweise kann Impulsivität bei Trauma-Betroffenen zu Selbstverletzung und Suizid führen. Forscher glauben, dass Selbstverletzung eine Möglichkeit ist, Wut und Schmerz auszudrücken. Es ist ein Hilfeschrei derjenigen, die nicht wissen, wie sie direkt um Hilfe bitten oder sie akzeptieren können.

Reviktimisierung

Leider hat die Forschung bestätigt, dass Personen, die missbraucht wurden, verstärkt dazu neigen, »reviktimisiert« bzw. erneut zum Opfer gemacht zu werden und auf diese Weise weitere Traumata zu erleiden. Eine Untersuchung missbrauchter und traumatisierter Jugendlicher hat erbracht, dass bei ihnen eine auffallend höhere Wahrscheinlichkeit bestand, weiteren Missbrauch zu erleben. Das gilt insbesondere für Kinder, die zu extremen Wutanfällen neigen. Zum Glück hält die Studie eine erfreuliche Tatsache bereit: Bei Kindern, die hilfreiche und verständnisvolle Freunde haben, ist die Wahrscheinlichkeit geringer, erneut Opfer zu werden.

Stress und Sucht nach Drama verdunkelt Ihr inneres Strahlen, und wir werden später über effektive Möglichkeiten sprechen, wie Sie sich davon heilen und Ihr Strahlen wiederfinden

können. Für den Moment jedoch wollen wir dieses Paradigma weiter erforschen.
Wenn diese Diskussion Ihnen unangenehm ist, lassen Sie sich Zeit beim Lesen dieser Passagen. Denn wenn Sie tatsächlich ein Trauma erlitten haben, kann es sein, dass Ihre Hypervigilanz es Ihnen schwer macht, sich zu fokussieren.
Hypervigilanz ist eines der Symptome einer *posttraumatischen Belastungsstörung* oder *posttraumatischen Stressreaktion*, die wir im nächsten Kapitel näher untersuchen werden.

Kapitel 3

Posttraumatische Stressreaktion

Wenn wir an Posttraumatische Belastungsstörung (PTBS) denken, stellen wir uns Soldaten vor, die Alpträume haben aufgrund erlebter Kampfszenen. Doch ist dies nur ein Aspekt des PTBS-Spektrums. Wie bereits erwähnt, erlebt jeder Betroffene sein oder ihr Trauma anders.

Den meisten Menschen ist der Begriff PTBS bekannt. Ich persönlich ziehe jedoch einen anderen Begriff vor, der von einigen Forschern geprägt wurde: PTSR, oder *Posttraumatische Stressreaktion*. Schließlich handelt es sich nicht um eine neurotische *Störung* – vielmehr ist es eine nachvollziehbare *Reaktion* auf Trauma. Das Wort *Störung* impliziert, dass Sie abnormal bzw. gestört sind, und drängt Sie in die Opferrolle.

> PTSR ist keine *Störung* – vielmehr ist es eine nachvollziehbare *Reaktion* auf Trauma.

Wenn Sie Posttraumatische Stressreaktionen haben, sind Sie weder »gebrochen«, noch ist irgendwas verkehrt mit Ihnen. Vielmehr passen Sie sich überwältigenden Umständen an und versuchen, mit ihnen fertig zu werden.

Aus diesem Grund werde ich hier die Begriffe *Posttraumatische Stressreaktion* und *PTSR* verwenden. Unter PTSR zu leiden bedeutet, dass Sie eine Überlebensreaktion aufgrund eines erlebten Traumas entwickelt haben.
Darüber hinaus zeigen Studien, dass es zu *sekundärem traumatischem Stress* (STS) kommen kann, wenn Sie von traumatischen Erlebnissen hören oder sie mit eigenen Augen sehen. Wenn also zum Beispiel Ihr Vater genaue Einzelheiten über seine Kriegserlebnisse erzählt hat, kann es sein, dass Sie heute unter STS leiden, vor allem wenn Sie immer wieder daran denken, wie schlimm es für ihn gewesen sein muss.
In ähnlicher Weise erleiden Kinder sekundären traumatischen Stress, wenn ein Elternteil sich aufgrund seiner oder ihrer PTSR innerlich zurückzieht, keine Zuneigung oder andere Emotionen zeigt, oder sich weigert, das Haus zu verlassen (alles Symptome von PTSR).
Forscher haben ähnliche Symptome bei Menschen festgestellt, die Nachrichten oder Videos über Terrorismus, Krieg und Naturkatastrophen *anschauen.* Wenn Sie also wie gebannt vor dem Fernseher saßen und sich immer wieder die Bilder der Ereignisse vom 11. September oder irgendeinem anderen Desaster angeschaut haben, kann es sein, dass Sie heute unter STS leiden.

Forscher haben Beweise für PTSR bei Menschen festgestellt, die Nachrichten oder Videos über Terrorismus, Krieg und Naturkatastrophen *anschauen.*

Offensichtlich kann das Unterbewusstsein nicht zwischen einem Trauma unterscheiden, das Sie selbst erleben und einem das jemand anderes erlebt. Untersuchungen zeigen, dass unser

Stresshormon *Cortisol* zunimmt, wenn wir emotional schmerzhafte Filme anschauen. Das macht deutlich, wie wichtig es ist, mit gesundem Urteilsvermögen zu entscheiden, welche Nachrichten, Filme oder Fernsehprogramme wir anschauen.

Posttraumatische Symptome

Viele Trauma-Betroffene bagatellisieren, was passiert ist. »*Soo* schlimm war es gar nicht«, sagen Sie sich vielleicht selbst. Dies nennt man *Vermeidungstaktik*, was bedeutet, dass Sie zu vermeiden suchen, sich schmerzhaften Erinnerungen zu stellen, indem Sie die Wirkung bagatellisieren, die diese Ereignisse auf Sie hatten.

Doch wenn Sie diese Symptome bei sich feststellen, bedeutet es, dass das Trauma Sie tatsächlich beeinflusst hat … und dass es Hoffnung auf Heilung gibt. Sie *können* Ihr inneres Strahlen *wiederfinden*!

Hier sind die mit Trauma assoziierten Symptome:

- Sich wiederholende Alpträume oder Flashbacks (realistische Erinnerungen) des traumatischen Ereignisses (das können rein emotionale Erinnerungen an Gefühle sein, oder Bilder, Geräusche und Gerüche)
- Die Unfähigkeit, Angst zu unterdrücken
- Bestürzt und aufgebracht sein, wenn schmerzhafte Erinnerungen ausgelöst werden
- Sich emotional wie betäubt und gleichgültig fühlen
- Kein Interesse mehr an Aktivitäten und Beziehungen, die Sie früher genossen haben
- Depression

- Das Gefühl, nie in Sicherheit und ständig gefährdet zu sein
- Angst
- Reizbarkeit
- Panik
- Übererregung (das Gefühl, als sei alles eine Krise oder ein Notfall)
- Schlaflosigkeit und Schlafstörungen
- Konzentrationsschwierigkeiten
- Gedächtnis- bzw. Erinnerungsverlust
- Chronische Beziehungsprobleme
- Suchtverhalten
- Zwangsstörung

Diese Symptome können kurzzeitig ganz normale Bewältigungs- und Trauermechanismen sein. Falls sie jedoch länger als einen Monat andauern, sind sie Anzeichen von PTSR. Forscher sagen, dass Frauen zweimal häufiger gefährdet sind, PTSR zu entwickeln, insbesondere dann, wenn sie ein traumatisches sexuelles Erlebnis hatten.
Um eine klinische Diagnose von Posttraumatischer Belastungsstörung stellen zu können, wenden Therapeuten allgemeine Checklisten wie die *Posttraumatic Diagnostic Scale* (PDS) an. Die Diagnose PTBS wird gestellt, wenn Patienten ein traumatisches Erlebnis hatten, bei dem sie sich hilflos oder totales Entsetzen gefühlt haben und unter Alpträumen, Flashbacks oder wiederholtem Erleben des Ereignisses leiden, sich isoliert fühlten und ihre Familie, Freunde und alltägliche

Arbeit gemieden haben, und seit dem traumatischen Erlebnis ängstlicher und verstärkt wachsam sind.

Eine dieser Studien kam zu der Erkenntnis: »Basierend auf der 5. Ausgabe des *Diagnostic and Statistical Manual of Mental Disorders* hat ein Individuum 636 120 Möglichkeiten, für eine Diagnose von PTSD in Frage zu kommen« (DiMauro et al. 2014).

Eine andere Studie kam zu dem Schluss, dass die meisten Menschen im Laufe ihres Lebens mindestens *ein* Trauma erfahren und dass ein Viertel der Betroffenen posttraumatische Stresssymptome entwickeln wird.

Während alle Formen von Trauma verheerende Auswirkungen haben können, sind die jeweiligen Symptome oft unterschiedlicher Natur.

PTSR aufgrund von Dissoziation und Angst

Wissenschaftler haben herausgefunden, dass es bei Personen mit chronischen Flashbacks und anderen PTSR-Symptomen reale neurologische Unterschiede gibt. Instrumente zur Messung der Gehirnfunktion zeigen, dass Patienten mit PTSR ungewöhnlich starke Aktivität in ihrem rechten Schläfenlappen aufweisen, dem Bereich, von dem angenommen wird, dass er mit Erinnerungen an traumatische Situationen in Verbindung steht.

Mit Hilfe der bildlichen Darstellung von Gehirnscans haben Wissenschaftler zwei unterschiedliche Formen von PTSR-Reaktionen festgestellt:

– **Angst-PTSR.** Die erste Form der Gehirnreaktion wird bei Personen beobachtet, die infolge eines Traumas chronisch ängstlich und furchtsam sind. Diese Form von PTSR aktiviert die limbischen Zentren im Gehirn, die mit Hypervigilanz und Ängsten assoziiert sind.

– **Dissoziative PTSR**. Bei der zweiten, weniger häufig anzutreffenden Form einer PTSR-Gehirnreaktion verhalten sich die traumatisierten Personen wie betäubt und losgelöst von der Welt um sie herum. Zu diesem Bewältigungsmechanismus gehören:

- *Depersonalisation* (das Gefühl, als seien Sie nicht real). Wenn Sie Ihr Bewusstsein in dem Bemühen abspalten, einem unausweichlichen Trauma auszuweichen, führt dies zu Depersonalisation. Ihre Wahrnehmung löst sich vom Körper, damit Sie sich Ihres Leidens nicht bewusst sind.
- *Derealisation* (das Gefühl, als sei die Welt nicht real). Die Entscheidung, dass die traumatische Situation nicht wirklich passiert, reduziert gleichzeitig die Erfahrung des Schmerzes. Häufig jedoch setzt sich diese Dissoziation nach dem traumatischen Ereignis fort, damit Sie Ihren gegenwärtigen Moment genießen können, anstatt von schmerzhaften Erinnerungen geplagt zu werden.

Mit hoher Wahrscheinlichkeit sind Ihnen schon Menschen mit beiden Formen von PTSR begegnet. Die Ängstlichen sind unruhig und häufig wütend, und die Dissoziierten vergesslich und irgendwie weggetreten. Vielleicht beschreiben diese Eigenschaften auch *Sie* selbst. Es handelt sich dabei um Symptome, die auf ein erlittenes Trauma zurückzuführen sind; und sobald sie als solche erkannt und verstanden werden, *kann* eine signifikante Heilung die Folge sein.

Die Auswirkungen von PTSR auf Gehirn und Körper

Ein Hauptindikator, dass jemand unter PTSR leidet, ist die Unfähigkeit, Angst zu unterdrücken. Diese gestörte Angsthemmung bedeutet, dass Sie eine geringere Fähigkeit besitzen, mit Ängsten fertigzuwerden, als Menschen ohne PTSR. Die Angst packt Sie auf einer tieferen und intensiveren Ebene. Sie haben eine übermäßig aktive Schreckreaktion und geraten schnell in Panik, überzeugt, dass alles eine Krise darstellt.

Ein Hauptindikator, dass jemand unter PTSR leidet, ist die Unfähigkeit, Angst zu unterdrücken.

Gehirn

Trauma verändert die Gehirnmuster, sodass das Gehirn ständig auf höchster Stufe aktiv ist, was in einer Angstreaktion und Übererregung resultiert. Die Amygdala (der Teil des Gehirns, der auf Angst reagiert) wird von PTSR verstärkt aktiviert. Die kontinuierliche Angst kann Sie zermürben und zu einer Depression sowie Erschöpfung führen.

Unterschiede in der Gehirnphysiologie können zudem bestimmen, ob Sie von Natur aus anfälliger sind für die Entwicklung von PTSR. Bei Untersuchungen von Soldaten, die an Kriegshandlungen beteiligt waren, hatten jene, die PTSR-Symptome aufwiesen, einen auffallend kleineren Hippocampus (der Teil des Gehirns, der bei der Verarbeitung von Erinnerungen und der Orientierung in der physischen Welt involviert ist), verglichen mit jenen, die kein PTSR entwickelten.

Die Wissenschaftler fragten sich, ob PTSR dazu geführt hat, dass der Hippocampus geschrumpft war, oder ob das Vorhandensein eines kleineren Hippocampus den Betreffenden anfälliger macht für PTSR. Also führten sie Untersuchungen mit eineiigen Zwillingen durch, bei denen einer der beiden in der Armee war und der andere nicht (Gilbertson et al. 2002). In diesen Zwillings-Studien – egal ob ein Zwilling im Krieg war oder nicht – war bei beiden ein auffallend kleinerer Hippocampus zu beobachten, wenn PTSR vorlag.

Studien haben eine Atrophie (Schrumpfung) des Hippocampus bei Personen festgestellt, die lange anhaltendem Stress ausgesetzt waren. Zum Glück kann sich der Hippocampus wieder erholen, sobald der Stressfaktor behoben ist, außer bei Menschen, die das Trauma als Kleinkind erlebt haben.

Trauma wirkt sich also auf den Hippocampus aus, und ein kleiner Hippocampus macht Sie sowohl anfälliger für PTSR-Symptome als auch für Depressionen.

Hinzu kommt, dass Personen, die als Kind missbraucht wurden, genetische Unterschiede aufweisen. Wissenschaftler haben entdeckt, dass bestimmte Gene »ausgeschaltet« werden, um dem Kind zu helfen, eine Missbrauchs-Situation zu ertragen.

Das bedeutet, dass die PTSR-Physiologie sich bei Erwachsenen, die Missbrauch in der Kindheit erlebt haben, deutlich unterscheidet im Vergleich zu Personen, die keinem Missbrauch in ihrer Kindheit ausgesetzt waren, sondern im Erwachsenenalter PTSR entwickelt haben. Vielleicht liegt es daran, dass viele Erwachsene ein besseres Gespür dafür haben, Missbrauch zu entgehen, im Gegensatz zu Kindern, die abhängig sind und nicht wissen wohin, wenn die Übergriffe seitens ihrer Eltern oder Aufsichtspersonen erfolgen.

Nach einem Trauma – egal ob als Kind oder Erwachsener – entsteht eine Reduzierung der Anzahl von Nervenleitungen zwischen dem limbischen System (das die Gefühle betrifft) und dem Cortex (der das Denken und die Wahrnehmung regelt); was bedeutet, dass Sie sich nach einem traumatischen Erlebnis weniger Ihrer Gefühle bewusst sind.

Das Gehirn *verändert sich* in Folge eines Überlebensmechanismus … als Möglichkeit, uns von schmerzhaftem Trauma abzuschirmen. Doch es entstehen Probleme, wenn dieser Mechanismus uns auch dann noch betäubt, wenn das Trauma längst vorbei ist.

Körper

Die Folgen von Trauma nicht zu heilen ist schädlich für die Gesundheit. Untersuchungen zeigen, dass Personen, bei denen PTSR diagnostiziert wurde, eine abnormal hohe Menge von Leukozyten, Lymphozyten und T-Zellen im Blut aufweisen, was darauf hindeutet, dass Trauma die normale Funktion des Immunsystems beeinflusst.
Das ist ein weiterer Grund, warum es essenziell ist …

- … Ihrem Urteilsvermögen zu vertrauen, wann immer Sie die Möglichkeit haben, zusätzliches Trauma zu vermeiden (wie beispielsweise Filme über Katastrophen anzuschauen).
- … sich von dramaerfüllten Beziehungen zu distanzieren.
- … Schritte vorzunehmen, um jegliche Trauma-Symptome zu heilen, die Sie vielleicht entwickelt haben.

Zum Glück finden Sie auf Forschung basierende Informationen für effektive Heilungsschritte in diesem Buch.

Komplexe PTSR oder DESNOS

Wenn jemand kontinuierliches Trauma erlebt hat, dem er oder sie nicht entfliehen konnte, kann der Betreffende eine sogenannte *komplexe posttraumatische Belastungsstörung* oder *komplexe posttraumatische Stressreaktion* entwickeln. Die offizielle psychiatrische Diagnose lautet: *Störung durch Extrembelastung, nicht anderweitig bezeichnet* (engl. *Disorder of extreme stress not otherwise specified* oder DESNOS). Beispiele für kontinuierliches Trauma sind Kinder, die chronischem Missbrauch ausgesetzt sind (physisch, verbal oder emotional) und weder woanders hingehen noch sich an jemanden wenden können, der ihnen helfen kann.

Diese Situationen bewirken komplexe Veränderungen in der Fähigkeit des Betreffenden, mit dem Erlebten fertigzuwerden. Menschen, die in einer Situation gefangen sind, unterdrücken die Wut gegen ihre Peiniger und richten sie mit selbstzerstörerischen und emotional betäubenden Süchten gegen sich selbst. Komplexes Trauma resultiert in extrem niedriger Selbstachtung, weil der oder die Betroffene sich generell wegen ihrer Erlebnisse schämt. Darüber hinaus zeigen Untersuchungen, dass ein Kind von elf Jahren oder jünger bei kontinuierlichem Trauma verstärkt dazu neigt, komplexe posttraumatische Stressprobleme zu entwickeln. Personen, die im Erwachsenenalter kontinuierlichem Trauma ausgesetzt sind (wie zum Beispiel Gefangenschaft, eine gewalttätige Ehe oder ein extrem stressiger Job) können ebenso komplexe traumatische Symptome zeigen, doch nicht so häufig wie Personen, die in ihrer Kindheit traumatisiert wurden.

Der Psychotherapeut Pete Walker, Autor des Buches *Complex PTSD*, hat diese auffälligen Symptome anhaltenden Traumas identifiziert:

- **Emotionale Flashbacks:** Anstelle von visuellen Erinnerungen wird der Traumatisierte plötzliche in den während des Traumas erlebten Gefühlszustand zurückversetzt.
- **Toxische Scham:** Ein überwältigendes Gefühl von Scham und Selbstverachtung, hervorgerufen durch chronischen physischen und verbalen Missbrauch.

Fast jeder von uns hat schon einmal Trauma erlebt – zumindest sekundäres Trauma – angesichts der Tatsache, dass Videos und Bildmaterial von Katastrophen uns umgehend per Internet und Fernsehen erreichen.
Die Frage ist: Wie hat Trauma sich auf *Sie persönlich* ausgewirkt? Nicht jeder entwickelt posttraumatische Symptome; doch für die, die es betrifft, wird das Leben zu einer endlosen Wiederholung von Drama und Stress.
Im nächsten Kapitel werden wir uns anschauen, welche Rolle Ihre Ernährung dabei spielen kann, wenn es darum geht, Ihr inneres Strahlen wiederzubeleben – oder zu verhindern.

Kapitel 4

Histamin-Sucht und -Intoleranz

Wenn Sie ein ausgeprägtes Verlangen nach Nahrungsmitteln wie Sauerrahm, Käse, Balsamico, Rotwein, Essiggurken, Joghurt und Tofu haben, besteht bei Ihnen wahrscheinlich eine Histamin-Intoleranz … *plus* eine Sucht nach Histamin.

Histamin ist ein Neurotransmitter, produziert von den Mastzellen Ihres Körpers als Reaktion auf Allergene, kalte Temperaturen, Stress, Drama und Trauma.

Zudem ist Histamin in den meisten Nahrungsmitteln und Getränken zu finden, und in einigen ist der Gehalt *sehr* hoch. Fermentierte Nahrungsmittel, Soja, Alkohol, Sülze, gelagerter Käse und Essig sind voll mit Histamin.

Manche Nahrungsmittel enthalten zwar keine hohen Mengen an Histamin, sorgen aber dafür, dass Histamin ausgeschüttet wird. Das bedeutet, sie sind ein Reizmittel, das die Mastzellen auffordert, als allergische Reaktion Histamin zu produzieren.

Andere Nahrungsmittel wiederum blockieren die Produktion oder Wirksamkeit eines Enzyms mit der Bezeichnung *Diaminoxidase*, das Histamin umwandelt. Diese Nahrungsmittel werden »DAO-Blocker« genannt.

Stellen Sie sich vor, Sie haben in Ihrem Körper einen Behälter mit der Beschriftung HISTAMIN-EIMER. So lange Sie ihn nicht überfüllen, ist alles okay. Tatsächlich benötigen wir eine

gewisse Menge Histamin für die Erhaltung unserer Gesundheit.
Doch jedes Mal, wenn Sie mit einem Allergen, wie zum Beispiel bestimmte Chemikalien, Luftverschmutzung oder stressige Situationen, konfrontiert sind, füllt sich Ihr Histamin-Eimer. Wenn Ihr Leben ständig von Drama und Stress erfüllt ist, ist Ihr Histamin-Eimer wahrscheinlich schon sehr voll.
Und wenn Sie dann Nahrungsmittel mit hohem Histamin-Anteil konsumieren, beginnt er überzulaufen. Das ist der Moment, wo schmerzhafte Symptome auftreten. Eine unregelmäßige Herzfrequenz, Schwellungen, Kopfschmerzen, Juckreiz, übermäßiges Schwitzen, Hitzewallungen, ein ständiges Gefühl von Erkältung und eine verstopfte oder laufende Nase sind nur einige der Symptome von *Histamin-Intoleranz*.
Falls also der Histamin-Eimer in Ihrem Körper bereits randvoll ist, weil Sie von Pollen, Schuppen, Staub, Stress, Drama und anderen Auslösern umgeben sind, und *zudem* eine Menge Soja, fermentierte Nahrungsmittel, saure Gurken und Alkohol konsumieren, wird Ihr Histamin-Eimer »überlaufen«. Hinzu kommt, dass viele Frauen in den Wechseljahren eine Histamin-Intoleranz entwickeln.
Histamin-Intoleranz ist etwas anderes als eine Allergie, daher wird sie in normalen Allergie-Tests nicht entdeckt. Manche Nahrungsmittel enthalten Histamin, und manche werden »Histamin-Liberatoren« genannt, weil sie die Histamin-Produktion im Körper auslösen. Für Menschen mit einer Histamin-Intoleranz sind die Resultate die gleichen, egal ob es sich um Nahrungsmittel mit hohem Histamin-Gehalt oder um Histamin-Liberatoren handelt.

Hier sind einige der Nahrungsmittel und Getränke mit hohem Histamin-Gehalt und solche, die die Histamin-Produktion auslösen (Histamin-Liberatoren oder DAO-Blocker)

Abgehangenes und eingelegtes Fleisch
Alkohol (insbesondere Rotwein)
Ananas
Auberginen
Avocados
Bananen
Carob (Johannisbrot)
Erdbeeren
Essig
Fermentierte Produkte
Geräucherter Fisch
Hefe
Joghurt
Kaffee und Koffein
Käse
Ketchup
Kohl und Sauerkraut
Konservierungsmittel
Kristallzucker (Honig und Ahornsirup sind okay)
Lebensmittelfarbe
Nüsse (außer Macadamianuss)
Papaya
Pestizide und genetisch modifizierte Produkte (GVO)
Pfirsiche
Pilze
Preiselbeeren
Samen (außer Chia-Samen)
Saure Gurken und andere eingelegte Produkte
Schalentiere
Schokolade
Schwarzer Tee
Senf
Soja und Sojasauce
Spinat
Sulfate
Tofu
Tomaten
Trockenfrüchte (geschwefelt): zum Beispiel Datteln; getrocknete, ungezuckerte, ungeschwe-

felte Mangos und Äpfel sind okay
Weiße des Eis
Weizenprodukte
Zimt
Zusatzstoffe
Reste *

* Je länger ein Nahrungsmittel vor dem Konsum gelagert wird (auch im Kühlschrank), umso mehr Bakterien entwickeln sich und umso mehr Histamin wird produziert.

Nahrungsmittel mit relativ niedrigem Histamin-Gehalt …

Ahornzucker, biologisch
Äpfel, frisch und biologisch
Basilikum
Brauner Reis, biologisch
Chia-Samen
Frisches Geflügel und Fleisch (außer Schwein) aus biologischer Haltung
Gemüse, biologisch (außer Bohnen**, Auberginen, Soja und Spinat)
Grünes Blattgemüse (außer Spinat)
Grünkohl, biologisch***
Haferflocken, biologisch
Hanfsamen
Honig
Kurkuma (Gelbwurz)
Macadamianüsse, roh und biologisch
Mangos, biologisch
Melone
Olivenöl (ohne Essig)
Quinoa (Inkareis)
Weintrauben

** Alle stimmen überein, dass Soja und rote Bohnen einen hohen Histamin-Gehalt aufweisen, während der Histamin-Gehalt anderer Bohnenarten manchmal als »moderat« und zuweilen als »sicher« im Rahmen einer Ernährung mit geringem Histamin bezeichnet wird. Ihre physischen Reaktionen nach dem Konsum von Bohnen werden Ihnen helfen, dies für sich selbst einzuschätzen. Falls Sie allergische Reaktionen auf Bohnen erleben (Essattacken, Jucken, Niesen, Schwellungen etc.) ist das ein Zeichen, dass Sie zu viel Histamin in Ihrem Stoffwechsel haben. Ich persönlich vertraue der Histamin-Nahrungstabelle der *Swiss Interest Group Histamine Intolerance* (SIGH). Ihre Website lautet www.histaminintolerance.ch, mit Informationen auf Deutsch, Englisch und Französisch.

*** Manche Forscher behaupten, dass Grünkohl, auch wenn er kein Histamin enthält, ein Histamin-Auslöser im Körper sein kann. Probieren Sie es selbst aus und richten Sie sich danach. Diese kräftige Kohlart ist eine ausgezeichnete Protein- und Ballaststoffquelle; wenn Sie dieses Gemüse also ohne Symptome vertragen können, sollten Sie es zu einem regelmäßigen Bestandteil Ihrer Ernährung machen.

Histamin und Esssucht

Wenn die Dinge, die Sie am liebsten essen, auf der Histamin-Liste ganz oben stehen, sind Sie damit nicht allein. Viele »Seelenfutter«-Produkte sind Teil des Histamin-Allergie-Sucht-Kreislaufs: Wir neigen dazu, Dinge zu konsumieren, auf die wir allergisch sind. In ähnlicher Weise tendieren Menschen, die allergisch auf Alkohol reagieren, zu Alkoholexzessen. Wir sehnen uns nach dem Hoch, das die Chemikalien in diesen Nahrungsmitteln und Getränken uns geben, und zugleich haben wir Verlangen nach den Chemikalien, die unser Körper in Reaktion auf diese Stoffe produziert.

> Wir neigen zu übermäßigem Konsum von Dingen, auf die wir allergisch sind.

Der Prozess funktioniert folgendermaßen: Histamin wird als Reaktion auf Allergene ausgeschüttet. Dies beschleunigt Ihre Herzfrequenz und hat eine Adrenalin-ähnliche Wirkung. Forscher haben herausgefunden, dass das Gehirn Opioide produziert (die süchtig machenden Chemikalien in Heroin und Morphium), wenn Sie Nahrungsmittel mit besonders hohem Fett- und Zuckergehalt essen. Doch dann lässt das Gefühl nach, was bedeutet, dass Sie mehr davon konsumieren wollen, um wieder das gleiche Hoch zu erlangen.

Falls Ihr Körper bereits als Reaktion auf Stress und Schadstoffbelastung viel Histamin produziert, dann führt der Konsum von Nahrungsmitteln mit hohem Histamin-Gehalt zu schmerzhaften Symptomen. Eine verstopfte oder laufende Nase, Hautjucken, Herzrhythmusstörungen und Kopfschmerzen sind nur ein paar der Probleme, die eine Lebensweise mit übermäßig hoher Histamin-Produktion zur Folge hat.

Wissenschaftler schließen daraus, dass oben genannte Symptome sowohl durch die Reduzierung von Histamin in Ihrer Ernährung, als auch in Bezug auf Ihren Stresslevel erleichtert werden können. Eine Studie besagt: »Die Existenz von Histamin-Intoleranz ist unterschätzt worden« (Maintz und Novak, 2007).

Interessanterweise hat eine Langzeitstudie (über 20 Jahre) von 4000 Zwangsessern die »am meisten süchtig machenden Nahrungsmittel« genau benannt: Zucker, Fett, Mehl, Weizen, künstliche Süßstoffe und Koffein – *allesamt Nahrungsmittel mit einem hohen Histamin-Gehalt!*

Untersuchungen zeigen, dass Zwangsesser, Alkoholiker und Drogensüchtige alle unter einer Reduzierung der Anzahl und Sensitivität von Dopamin D2-Rezeptoren leiden. Diese Erkenntnis hat die Forscher zu dem Schluss geführt, dass die Sucht nach bestimmten Nahrungsmitteln und anderen Substanzen einen Versuch darstellt, das gehirneigene Wohlfühl-Hormon Dopamin zu steigern. Es ist ein Hunger nach Glück und der Wunsch, zu strahlen!

Protein im Rahmen einer Ernährung mit geringem Histamin-Gehalt

Die empfohlene tägliche Menge an Protein für den durchschnittlichen Menschen ist 0,36 Gramm pro Pfund Körpergewicht – das sind ungefähr 56 Gramm für Männer und 46 Gramm für Frauen (mehr in der Schwangerschaft und Stillzeit).

Wenn Sie Vegetarier oder Veganer sind, haben Sie sich wahrscheinlich daran gewöhnt, Ihren Proteinbedarf mit Hülsenfrüchten – einschließlich Nüssen – oder Sojaprodukten zu decken. Es gibt jede Menge Debatten und Widersprüche in Bezug darauf, welche Nahrungsmittel einen hohen Histamin-Anteil haben und welche nicht. Nichtsdestotrotz stimmen alle überein, dass in Essig eingelegte und lange gelagerte Produkte einen hohen Histamin-Gehalt aufweisen. Doch für Gemüse wie zum Beispiel Bohnen und andere Hülsenfrüchte variieren die Angaben über den Histamin-Gehalt.

Ihr Körper wird darauf reagieren, wenn Sie eine Histamin-Sensitivität gegenüber Bohnen haben. Ich würde Ihnen empfehlen, Soja und rote Bohnen zu meiden und herauszufinden, ob Sie andere Variationen besser vertragen.

Falls tierisches Protein Teil Ihrer Ernährung ist, sollten Sie möglichst abgelagertes und geräuchertes Fleisch sowie Krustentiere und Käse aufgrund des hohen Histamin-Gehalts von Ihrer Liste streichen. Stattdessen können Sie den Verzehr von Protein mit geringem Histamin-Gehalt steigern, indem Sie viel Grünkohl, Brokkoli, braunen Reis und Macadamianüsse essen. Achten Sie jedoch auf Ihren Grünkohl-Konsum, da manche Menschen allergische Reaktionen erleben, weil dieses Gemüse zu den Histamin-Liberatoren gehört.

- 100 Kalorien Grünkohl (ca. 150 Gramm) gibt Ihnen ca. 9 Gramm Protein.

- 100 Kalorien Brokkoli (250 Gramm) gibt Ihnen ca. 8,5 Gramm Protein.
- 100 Kalorien gekochter brauner Reis (150 Gramm) gibt Ihnen ca. 4 Gramm Protein.
- 100 Kalorien Macadamianuss (12,5 Gramm) gibt Ihnen ca. 1,2 Gramm Protein.

Protein ist Protein, egal ob tierischen oder nicht-tierischen Ursprungs. Nach Aussage der *American Dietetic Association* ist es möglich, mit der richtigen Planung auch bei einer vegetarischen oder veganen Ernährung genug Protein aufzunehmen.

Brokkoli, das heilende Gemüse

Brokkoli weist nicht nur einen niedrigen Histamin-Gehalt auf, sondern bietet auch eine Menge Vorteile für die Gesundheit. Studien zeigen, dass Brokkoli:

- entzündungshemmende Eigenschaften besitzt
- krebshemmende Eigenschaften besitzt, was das Risiko einer Krebserkrankung mindert
- einen relativ hohen Proteingehalt aufweist
- Osteoporose verzögert und bei Arthrose hilft
- Ihr Immunsystem unterstützt
- die Gesundheit Ihrer Augen unterstützt
- die Nierenfunktion verbessert
- das Herz schützt und heilt
- einen hohen Anteil an Ballaststoffen aufweist

Brokkoli ist ein vielseitiges Gemüse, das gedämpft, gegrillt, sautiert und zu einer Suppe verarbeitet werden kann. Außerdem schmeckt es köstlich, wenn es mit Reis serviert wird, einem weiteren Nahrungsmittel mit wenig Histamin.

Histamin-Intoleranz

Histamin-Intoleranz ist häufig das Symptom eines extrem stressigen Lebenswandels, der dazu führt, dass Sie zu viel hoch histaminhaltige Produkte und Getränke konsumieren, um sich zu beruhigen.

Manchmal ist Histamin-Intoleranz das Resultat einer Erkrankung, die mit der Hemmung der Diaminoxidase (DAO) einhergeht. DAO ist ein Enzym, das Histamin umwandelt. Auch bestimmte Medikamente können die DAO-Produktion blockieren. Sie können DAO-Ergänzungsmittel kaufen, um die Histamin-Produktion anzuregen. Beachten Sie jedoch, dass einige dieser Mittel aus Schweinefleisch gewonnen werden.

Erbsensprossen, Erbsensamen und Erbsensprossen-Pulver sind eine natürliche vegane Quelle für alimentäres DAO. Obgleich Erbsen einen verhältnismäßig hohen Gehalt an Histamin aufweisen, können manche Menschen sie problemlos vertragen. Wenn Sie zu dieser Gruppe gehören, sind Erbsen eine ausgezeichnete Niedrigfett-Quelle für Protein (8 Gramm pro 200 Gramm Gewicht).

Sofern keine Erkrankung vorliegt, haben Menschen, die unter Histamin-Symptomen leiden, ein Problem mit Histamin-Überlastung: zu viel Drama, zu viel Alkohol und zu viel fermentierte Nahrungsmittel.

Nachdem wir uns bisher die physischen und psychologischen Reaktionen auf Stress, Drama und Trauma angesehen haben, wollen wir uns nun den *Lösungen* zuwenden.

TEIL II

Wie Sie Ihr Strahlen zurückgewinnen können

Einführung zu Teil II

Gleichgewicht zwischen Yin und Yang

Ihr Strahlen ist Ihr inneres Leuchten, ein natürliches Resultat Ihrer Begeisterung für das Leben. Denken Sie an ein glückliches Kind, das fröhlich lacht und ganz es selbst ist. Dieses Kind strahlt, und genauso geht es Ihnen, wenn Sie Ihr inneres Leuchten wiederfinden.

Das Strahlen verschwindet nie, doch es kann sich verdunkeln, wenn der Fokus des Kindes sich verstärkt nach außen richtet. Indem immer mehr Druck aufgebaut wird, um in der Schule gute Noten zu erzielen, Anerkennung und Beachtung zu finden und »dazuzugehören«, liegt die Aufmerksamkeit des Kindes weniger auf: *Wie fühle ich mich?*, sondern mehr auf: *Wie kann ich Belohnung von außen gewinnen*? Das trifft vor allem dann zu, wenn das Kind ein schweres Trauma erlebt hat oder unter sekundärem traumatischem Stress aufgrund der Traumata seiner Eltern leidet.

Als Erwachsene nehmen wir unser inneres Feedback nicht mehr wahr, das uns signalisiert: *Warnung – Du bist müde und gestresst und musst eine Pause einlegen!* Wir setzen uns darüber hinweg und treiben uns jenseits von Müdigkeit, Ängsten und Stress immer weiter an. Das ist der Moment, wo Stresshormone im Übermaß freigesetzt werden und sich bei uns negativ auf Gewicht, Appetit, Gesundheit und Persönlichkeit auswirken.

Die »Beeile dich, konkurriere, gewinne um jeden Preis«-Welt ist Teil der männlichen *Yang*-Energie. *Yin*-Energie ist das weibliche Gegenstück. Beide sind gleich wichtig für leuchtende, strahlende Energie. Der Schlüssel besteht darin, die dunklen und die hellen Seiten von Yang- und Yin-Energie zu verstehen.

Jede Energie ist Teil einer Achse, an deren Enden die jeweiligen Gegensätze stehen. Zum Beispiel sind »hungrig« und »satt« die beiden Pole von *Appetit*. »Heiß« und »kalt« sind die Enden der Temperaturskala, und so weiter.

Bei der männlichen Yang- und weiblichen Yin-Energie sind die Enden des Kontinuums »hell« Yang und »dunkel« Yang, sowie »hell« Yin und »dunkel« Yin. »Hell« bezieht sich auf Eigenschaften, die generell als positiv bezeichnet werden, und »dunkel« auf jene, die in der Regel als negativ gelten. »Hell« ist lebensbejahend, und »dunkel« ist aufgewühlt, schwierig.

Mehr Licht bedeutet mehr Strahlen

Ihr inneres Strahlen ist reines göttliches Licht, mit dem Sie auf die Welt gekommen sind. Um Ihr Strahlen funkeln zu lassen – und die »hellen«, lebensbejahenden Yin-Yang-Eigenschaften zu stärken – ist es essenziell, in die Energie des Lichts einzutauchen.

Das bedeutet, Menschen oder Situationen zu meiden, die in erster Linie mit dunklen Yin- oder Yang-Eigenschaften erfüllt sind. (Wir werden uns in Teil III dieses Buches näher mit Beziehungen beschäftigen.)

In den folgenden Kapiteln wollen wir Lebensweisen und Methoden diskutieren, die dazu beitragen, das Licht in Ihrem Leben heller strahlen zu lassen.

Helle Yang-Eigenschaften	**Dunkle Yang-Eigenschaften**	**Helle Yin-Eigenschaften**	**Dunkle Yin-Eigenschaften**
Motiviert Enthusiastisch Hilfreich Optimistisch Aktiv Glücklich Heroisch Erfolgreich Inspirierend Ehrlich Tugendhaft Vertrauenswürdig Als Führungsperson respektiert	Kompetitiv Anfällig für Mangel-Denken (in dem Gauben, dass es nicht genug für jeden gibt) Chronisch wütend Jähzornig Süchtig Herrisch Rüpelhaft Pessimistisch Rücksichtslos Ausbeuterisch Gewalttätig Durchtrieben Ungehobelt Tadelnd Nach Macht strebend Abgestumpft Betrügerisch Strafend Sarkastisch Kontrollierend Besessen nach Besitz Kritisch Grob Unehrlich	Fürsorglich Zärtlich Mitfühlend Verständnisvoll Freudvoll Vergebend Aufmerksam Sanft Empfänglich Dankbar Weich Kreativ Künstlerisch Liebevoll Friedvoll Großzügig Geduldig Flexibel Fähig zu heilen Beziehungsorientiert Organisiert	Eifersüchtig Narzisstisch Eitel Unehrlich Egozentrisch Besitzergreifend Kalt Bitter Lieblos Oberflächlich Schuldbeladen Anmaßend Neugierig Selbstbewusst Nervös Mürrisch Ängstlich Seicht Unsicher Passiv oder passiv-aggressiv Klatschsüchtig Manipulierend Geheimnistuerisch Perfektionistisch Isoliert Reizbar

Kapitel 5

Bauen Sie Stress in Ihrem Leben ab

Manchmal ist unser Leben mit Drama erfüllt, weil wir fürchten, dass es sonst langweilig wird. Die Medien bestärken diese Sichtweise durch Fernsehshows und Filme, die vor Konflikten und Drama strotzen.

Ich habe dies am eigenen Leib erfahren, als Fernsehproduzenten von drei verschiedenen Sendern mich unabhängig voneinander kontaktiert und mir angeboten haben, eine Reality-Show über meine Arbeit mit Engeln zu machen. Doch nachdem sie mich interviewt und gefilmt hatten, sagten alle drei Produzenten dasselbe: Ihre Geschichten sind zu friedlich, es passiert nicht genug. Niemand möchte eine Show ohne Drama und Auseinandersetzungen sehen. Frieden ist langweilig. Ein Produzent bat uns, so zu tun, als würden wir uns streiten, wozu wir nicht bereit waren. Angesichts solcher Produzenten ist es kein Wunder, dass es im Fernsehen und in Filmen so viel Gewalt gibt!

Warum assoziieren wir Drama mit Unterhaltung? Nun, das liegt an der Sucht nach Stress-Chemikalien wie beispielsweise Adrenalin, Cortisol und Histamin. Die Aufregung durch Stress, die unser Herz schneller schlagen lässt, gibt uns das Gefühl, lebendig zu sein … zumindest für einige Augenblicke, bis unsere Energie anschließend wie bei einem Zucker-Hoch abstürzt und in einer Energie-Flaute mündet. Wie Sie sich erinnern, zeigen Untersuchungen, dass diese chemischen Stoffe auch dann erhöht produziert werden, wenn wir stressvolle Situationen sehen, die einem anderen passieren, wie zum Beispiel in Fernsehshows oder Filmen.

> Die Aufregung durch Stress, die unser Herz schneller schlagen lässt, gibt uns das Gefühl, lebendig zu sein ... zumindest für einige Augenblicke, bis unsere Energie anschließend wie bei einem Zucker-Hoch abstürzt und in einer Energie-Flaute mündet.

Adrenalin, Cortisol und Histamin bescheren uns einen Energieschub, erhöhte Aufmerksamkeit und den totalen Nervenkitzel! Was zu einem Problem werden kann, da diese körperlichen Reaktionen so toxisch sind, dass sie zu ernsthaften Erkrankungen und Süchten führen können. Und als wäre das noch nicht genug, führt Cortisol zu unstillbarem Appetit und Falten im Gesicht – was bedeutet, dass Stress uns alt und fett aussehen lässt!

Außerdem setzen wir Drama mit Aufregung gleich, weil wir seit unserer Kindheit in stressigen Umgebungen – einschließlich der Schule – entsprechend konditioniert wurden. Oft akzeptieren wir etwas, weil es uns vertraut ist, selbst wenn es sich um einen ungesunden Zustand handelt, denn schließlich ist er vorhersehbar und vertraut für uns.

Als jemand, der sowohl eine aufregend stressige als auch eine ruhige friedvolle Lebensweise kennt, kann ich Ihnen versichern, dass der Reiz des Friedens zu mehr Glück führt. Friedvoll zu sein bedeutet nicht, dass Sie den ganzen Tag im

Schneidersitz verbringen, die Augen geschlossen halten und kontinuierlich ein Mantra wiederholen. Sie können von Frieden erfüllt und ruhig sein, während Sie gleichzeitig sehr anregenden Aktivitäten nachgehen. Es bedeutet nur, dass Sie sich nicht selbst oder andere Menschen verrückt machen mit der nervösen Energie von Angst und Anspannung.

Haben Sie schon einmal Zeit mit einem extrem nervösen oder angespannten Menschen verbracht? Es ist kräftezehrend und schwierig! Mit jemandem zusammen zu sein, der immer das Schlimmste erwartet, ist kein Vergnügen. Und genauso wenig möchten *Sie* derjenige sein, sowohl für Ihr eigenes Wohl als auch für das der Menschen in Ihrer Umgebung.

Von Schuldgefühlen zu Selbstwert

Das Gefühl, unwürdig und nicht liebenswert zu sein und davon auszugehen, dass andere Sie ablehnen werden, ist ein Symptom von Trauma. Das gilt vor allem dann, wenn Sie in früher Kindheit missbraucht, vernachlässigt oder abgelehnt wurden. Die falsche Annahme, dass Sie etwas getan haben müssen, um Strafe zu verdienen, führt dazu, dass Sie sich wegen des Traumas schuldig fühlen. Natürlich ist dies eine nicht der Wahrheit entsprechende und sehr traurige Überzeugung. Doch leider ist dies die Art und Weise, wie Trauma-Betroffene mit den Erinnerungen an ihre schmerzhaften Erlebnisse umgehen.

Diese Gefühle können zu *erlernter Hilflosigkeit* führen, einem Begriff aus der Psychologie, der besagt, dass der/die Betroffene aufgibt und nicht einmal einen Versuch macht – ein Thema, das ich in Kapitel 2 kurz angesprochen habe. Erlernte Hilflosigkeit kann zu einem depressiven Zustand führen, in dem Sie sich nicht länger um das scheren, was Ihnen passiert. Sie möchten Ihr Leben verändern, aber es scheint aussichtslos zu sein, da Sie Zweifel daran haben, dass sich je irgendetwas ändern wird.

Hier sind einige Prozesse, die vielleicht helfen können:

- **Einen Schritt nach dem anderen:** Vieles auf einmal in Angriff nehmen zu müssen, wirkt schnell überwältigend. Einen Schritt nach dem anderen zu machen, ist hingegen überschaubar. Fokussieren Sie sich auf das, was Sie im Moment tun, und die Zukunft wird sich von selbst ergeben.
- **Heilung anstatt Schuldgefühle:** Sich den Schwierigkeiten zu stellen ist eine Möglichkeit, sie zu heilen, anstatt sich ständig deswegen Vorwürfe zu machen. Es ist vergleichbar mit dem Schälen einer Zwiebel: Wir alle haben Probleme, an denen wir Schicht für Schicht arbeiten.
- **Keine Diagnosen stellen:** Vermeiden Sie es, sich selbst als einen gebrochenen Menschen zu diagnostizieren. Anstatt zu sagen: »Ich bin nervös und angespannt« benutzen Sie die neutralere Formulierung: »Ich fühle mich nervös«. Durch die Satzbildung mit *Ich bin…* identifizieren Sie sich mit dem Zustand, was es schwieriger macht, zu heilen, während *Ich fühle…* auf einen vorübergehenden Zustand hindeutet und nicht auf Ihre Identität.

Von Pessimismus zu Optimismus

Pessimistisch zu sein und das Schlimmste zu erwarten, ist ein posttraumatisches Symptom. Es ist unser fehlgeleiteter Versuch, uns vor zukünftigen Enttäuschungen zu bewahren, indem wir jegliche Hoffnung vermeiden und passiv bleiben. Pessimismus dient Ihnen als Rechtfertigung, nicht einmal zu versuchen, etwas Erfüllendes oder der Gesundheit Dienliches zu unternehmen. Sie beschließen bereits im Vorfeld, dass der Versuch sinnlos ist, abzunehmen, ein Buch zu schreiben, das

Ihnen schon länger im Kopf herumgeht, die Schule oder das Studium zu Ende zu bringen, oder Ihren Träumen zu folgen. Tatsächlich lautet der Lieblingssatz des Pessimisten: »Träum' weiter!« – als wäre es verrückt, von einem besseren Morgen zu träumen. Und warum sollten Sie auch erwarten, dass heute oder morgen alles besser sein wird, wenn Ihr Gestern so furchtbar schrecklich war?

Es ist ein Kreislauf der Negativität, denn wenn Sie nicht den Versuch machen, Ihre Lage zu verbessern, wird sich auch nichts an ihr ändern… und höchstwahrscheinlich wird alles nur noch schlimmer, weil Sie sich selbst vernachlässigen.

Manche Menschen glauben, es sei cool, pessimistisch zu sein, weil es ihnen zu einer unbeteiligten »Mir doch egal«-Einstellung verhilft. Doch diese »coolen« Pessimisten ziehen letzten Endes den Kürzeren, während die Optimisten in die Welt hinausgehen, erfolgreich sind und Spaß haben! Viele Untersuchungen unterstreichen die Vorteile einer optimistischen Einstellung; Sie fühlen sich wohler, können besser mit Krankheiten umgehen, sind schneller wieder gesund und genießen eine höhere Lebensqualität.

Um Pessimismus in sein Gegenteil umzukehren, ist es erforderlich, dass Ihnen Ihr Wohlbefinden, Ihre Gesundheit und Ihr Glück zumindest ein wenig am Herzen liegen. Stellen Sie sich eine Pflanze vor, die Nährstoffe braucht, Wasser, Sonnenlicht und liebevolle Fürsorge, um wachsen zu können. Und genau das brauchen Sie auch! Tatsächlich kann der liebevolle Umgang mit einer Hauspflanze zu der gesunden Angewohnheit führen, für jemanden bzw. etwas zu sorgen und letztlich auch liebevoller mit sich selbst umzugehen.

Hier sind einige Möglichkeiten, optimistischer zu werden:

- Schauen Sie sich Dokumentationen über Personen an, die trotz aller Hindernisse erfolgreich waren.

- Machen Sie eine Liste (schriftlich oder mental), wann alles wunderbar funktionierte und *Sie Erfolg hatten*.
- Meiden Sie sedative Chemikalien oder Genussmittel – zum Beispiel Alkohol –, die Ihren Enthusiasmus dämpfen, wenn Sie etwas Positives und Neues ausprobieren.
- Gehen Sie Personen aus dem Weg, die ständig negativ eingestellt sind, denn Negativität ist ansteckend.
- Kombinieren Sie Optimismus mit Pessimismus. Sie müssen nicht ständig optimistisch sein. Eine *zum Positiven neigende* Sichtweise wird Ihnen helfen, Negativität auszugleichen.
- Freunden Sie sich mit jemandem an, der dabei ist, sein Leben bewusst zu verbessern. Verbringen Sie Zeit mit Menschen, die ihre Träume verwirklichen, und diese Haltung wird auf Sie abfärben. Befürchten Sie, nicht willkommen zu sein? Falsch gedacht: Erfolgreiche Menschen lieben es, andere zu unterweisen und zu unterstützen, vorausgesetzt Sie sind ihnen gegenüber offen und dankbar für ihre Hilfe.
- Fangen Sie an, sich selbst Anerkennung zu zollen, im Kleinen wie im Großen. Das ist es, was Optimisten von Natur aus tun, und Sie können diese gesunde Angewohnheit gerne übernehmen.

Wie Sie den Lärm in Ihrem Kopf stoppen können

Negatives Schnattern in Ihrem Kopf kann zu Suchtverhalten führen, wenn Sie zwanghaft versucht sind, den Lärm abzustellen. Dieses ständige innere Geplapper ist eine Form von Drama. Manche Menschen versuchen mit zusätzlichem Lärm,

beispielsweise lauter Musik, das Geschnatter in ihrem Kopf zu übertönen.
Jedoch verstärkt laute Musik (vor allem mit aggressiven Texten) nur noch Gedanken und Gefühle von Angst, Wut, Nervosität und Paranoia. Ruhige Musik – in der Regel »Meditations-«, »Entspannungs-«, »Natur-«, »Spa-« oder »Yoga«-Musik genannt – dämpft dieses Geschnatter im Kopf und erlaubt Ihnen, sich auf die wichtigen Dinge zu fokussieren.
Eine Studie kam zu dem Schluss, dass Meditations-Musik den Cortisol-Spiegel reduzierte, während die Versuchspersonen mit einer anstrengenden Aufgabe beschäftigt waren. Die gleiche Studie zeigte, dass Personen, die lauten Heavy Metal hörten, einen gesteigerten Cortisol-Spiegel im Blut aufwiesen.
Vielleicht fragen Sie sich: *Aber werde ich nicht einschlafen und unproduktiv sein, wenn ich mir meditative Musik anhöre?* Diese Frage repräsentiert die Stimme der Angst, die sich meldet, weil dieser Teil des traumatisierten Geistes sich davor fürchtet, ruhig zu sein. Der traumatisierte Geist glaubt, die Angst würde dafür sorgen, dass Sie in Sicherheit sind, weil Ihr innerer Wächter kontinuierlich alles nach Gefahren absucht.
Daher beschwört der ängstliche Geist alle möglichen verstörenden Zukunftsvisionen herauf und Dinge, über die man sich Sorgen machen muss. Der ängstliche Geist – manchmal als »Ego« bezeichnet – glaubt, dass Hypervigilanz der einzige Weg ist, um auf unvermeidliche Unglücksfälle vorbereitet zu sein. Dieselbe Geisteshaltung hegt eine Faszination für Gewaltszenen in Filmen, Fernsehshows und Videospielen … und in der alltäglichen Realität.
Der ängstliche Geist will Ihnen weismachen, dass er die »bösen Buben« und das, was sie planen, aufdecken kann, damit Sie nicht Opfer ihrer schlimmen Absichten werden. Der ängstliche Geist beschäftigt sich zudem obsessiv mit Nachrichten

über Terrorismus, Unfälle und Epidemien und flüstert Ihnen ein: *Das könnte auch dir passieren.*
Innere Kämpfe auszutragen oder sich Konflikte mit anderen Menschen und gewalttätige Szenen vorzustellen, ist kein *Flashback*; vielmehr ist es ein *Flashforward*, da Sie davon ausgehen, dass die Zukunft ebenso – oder noch mehr – durch Gewalt bestimmt sein wird wie Ihre Vergangenheit.
Ständig auf der Hut zu sein, übervorsichtig und paranoid, ist jedoch kein Weg, wirklich sicher zu sein. Diese aus der Angst geborenen Angewohnheiten haben Ihnen in Wahrheit jegliche Sicherheit genommen, weil die Angst Ihren Geist gefangen genommen hat. Sicher, Ihr Körper ist lebendig, doch Sie leben Ihr Leben nicht wirklich, wenn Sie Tag und Nacht davon besessen sind, dafür zu sorgen, dass Ihnen nichts Schlimmes widerfährt.
Der ständige Kampf gegen ängstliche Gedanken gießt nur noch mehr Öl ins Feuer. Alles, dem Sie sich *widersetzen, bleibt bestehen.* Lassen Sie stattdessen die Angst hinter sich, indem Sie die bewährten Methoden anwenden, die in diesem Buch beschrieben werden: der »Drama-Detox« im nächsten Abschnitt, sowie die Techniken in den folgenden Kapiteln. Unzählige wissenschaftliche Untersuchungen haben erwiesen, dass Yoga, Meditation, Atemarbeit, ätherische Öle, Spiritualität, Augenbewegungsdesensibilisierung (EMDR) sowie kognitive Psychotherapie das angstvolle Wiederkäuen alter Traumata reduzieren.
Keine Sorge, Sie müssen nicht alle oben beschriebenen Anwendungen auf einmal in Angriff nehmen, um Ihre Denkmuster positiv zu beeinflussen. Jeder kleine, bedachte Schritt aus der Angst- und Stressfalle bringt mehr als der Versuch, alle Schritte sofort und perfekt vornehmen zu müssen (was der perfektionistische, ängstliche Geist Ihnen als Notwendigkeit vorzugaukeln versucht).

Machen Sie einen »Drama-Detox«

Ein Detox kann Ihnen als vorläufige Notlösung dienen, um eine Sucht nicht gleich ein für alle Mal aufgeben zu müssen, was zu einem Konflikt mit Ihrem ängstlichen Geist führen würde. Nachdem Sie einmal einen Detox durchlaufen haben, werden Sie die mentale und emotionale Kraft besitzen, um sich den Rest Ihres Lebens von einer Sucht zu befreien.

Wir assoziieren den Begriff *Detox* mit der Beseitigung schädlicher Stoffe aus unserer Nahrung. Traditionell bedeutet Detox oder Entgiftung, dass man Alkohol, Zigaretten, Zucker, Koffein und andere Drogen meidet. Wenn Sie nach den Stress- und Wohlfühl-Hormonen Ihres Körpers und Gehirns süchtig sind, gewinnt der Detox eine komplett neue Bedeutung.

Wie Sie in Teil I gelesen haben, zeigen wissenschaftliche Untersuchungen, dass in stressigen Situationen Cortisol, Dopamin und Adrenalin freigesetzt werden. Je stressiger – oder dramatischer – die Situation, desto mehr werden Ihr Körper und Ihr Gehirn mit süchtig machenden Stoffen überflutet.

Außerdem wissen wir, dass Ihr Körper eine bestimmte Menge Histamin vertragen kann. Analog stellen Sie sich einen Eimer vor, der nur eine bestimmte Menge Histamin aufnehmen kann, bevor er überfließt. Je mehr Stress und Drama es in Ihrem Leben gibt, desto voller ist Ihr Histamin-Eimer. Schadstoffbelastung, Chemikalien, Alkohol, Koffein und sauer eingelegte Nahrungsmittel tragen allesamt dazu bei, dass der Histamin-Eimer voll wird. Wenn er überfließt, entstehen unangenehme allergische Symptome wie Schwellungen, Jucken, laufende Nase und Reizbarkeit.

Daher ist es bei einem Drama-Detox sehr wichtig, dass Sie Ihren Stresslevel reduzieren. So wie bei jeder anderen Form von Entgiftung besteht auch hier die Notwendigkeit, sich bewusst von der »Droge Ihrer Wahl« fernzuhalten – in diesem

Fall süchtig machendes Drama. *Sie* kennen bereits die Drama-Muster, die bei Ihnen Stress auslösen.

Die fünf Schritte eines Drama-Detox

1. Bestimmen Sie das Datum, an dem Sie mit Ihrem Drama-Detox beginnen. Verpflichten Sie sich, den Termin einzuhalten, indem Sie ihn sowohl auf Ihrem Wandkalender notieren als auch auf Ihrem Mobiltelefon speichern.
2. Bestimmen Sie den Zeitraum Ihres Drama-Detox. Seien Sie realistisch, um sich nicht selbst zu enttäuschen. Beim ersten Mal sind drei Tage ein guter Zeitraum für eine Entgiftung. Wenn alles gut verläuft, können Sie die Dauer verlängern.
3. Erstellen Sie eine Liste aller Drama-Verhaltensmuster, auf die Sie ab jetzt verzichten wollen. Zum Beispiel können Sie beschließen, einen oder mehrere der folgenden Stressfaktoren zu meiden:

- Stressige Filme oder Fernsehsendungen anschauen
- Stressige Nachrichten lesen
- Interaktion mit anstrengenden Online- und Social Media-»Freunden«
- Umgang mit Personen, die in Ihrem Leben oder Ihrem persönlichen Umfeld Drama auslösen
- Über Ihre Verhältnisse leben (Schulden verursachen Stress)
- Übervoller Terminkalender (sich zu viel vorzunehmen führt zu Stress)
- Alkohol- oder Drogenmissbrauch

- Gewalttätige Videospiele
- Konsum von Nahrungsmitteln und Getränken mit hohem Histamin-Gehalt
- Konsum von Koffein, Nikotin oder anderen nervös machenden Stimulanzien
- Ja sagen, wenn Sie in Wahrheit Nein sagen wollen
- Dinge aufschieben und in Folge Termine nicht einhalten können
- Klatschmagazine über Prominente lesen (diese Postillen fördern die Sucht nach Drama)

4. Wenn es so weit ist und Sie mit Ihrem Detox beginnen, gehen Sie *peu à peu* vor. Was bedeutet, dass Sie sich auf Ihre Verhaltensweisen im gegenwärtigen Moment fokussieren, anstatt sich darüber Gedanken zu machen, wie Sie morgen auf die Droge Ihrer Wahl verzichten wollen. Sie sagen sich selbst: Jetzt, in diesem Moment, beschließe ich, mich von … fernzuhalten (beschreiben Sie den Stressfaktor, von dem Sie sich entgiften wollen). Achten Sie auf Ihre Gefühle während der Entgiftung im Vergleich zu den Gefühlen, die Sie während dramatischer Momente hatten.
5. Halten Sie alternative Pläne bereit für die Momente, wo Sie eine starke Sehnsucht nach Drama verspüren. Jede Sucht hat zu Beginn mit starkem Verlangen zu tun. Um einen Rückfall zu vermeiden, ist es essenziell, als Ersatz gesunde Verhaltensformen parat zu haben, wie zum Beispiel:

- Einen vertrauenswürdigen Freund, Berater oder eine Zwölf-Schritte-Programm-Vertrauensperson anrufen

- Ihre Gefühle in einem Tagebuch oder in einem Word-Dokument auf dem Computer festhalten (was Sie jederzeit wieder löschen können)
- Stretching statt Stress (indem Sie sich auf eine Yoga-Matte oder ein Handtuch legen, eine kostenlose sanfte Yogastunde auf YouTube einschalten und die Übungen mitmachen)
- In der freien Natur spazieren gehen oder gärtnern
- Mit einem geliebten Haustier knuddeln
- Etwas Künstlerisches oder Kreatives tun
- Etwas für die eigene Seele tun (zum Beispiel Beten, Meditieren oder Teilnahme an einer spirituellen Versammlung)
- Gerümpel entsorgen oder Dinge verschenken, die Sie nicht länger brauchen
- Entspannende Musik hören
- Ein warmes Bad mit Meersalz nehmen
- Sich massieren lassen.

Wie Sie sehen, gibt es jede Menge gesundheitsfördernden Ersatz für Drama – zudem sind alle diese Aktionen angenehmer und befriedigender als jedes Drama! Haben Sie Geduld mit dem Prozess, bei dem Sie alte, ungesunde Verhaltensmuster durch neue, gesunde ersetzen. Jeder Fortschritt, den Sie in Richtung Gesundheit machen, ist positiv und steigert Ihr Wohlgefühl.

Posttraumatische Auslöser

Wenn Sie etwas an ein Trauma erinnert, ist es gut möglich, dass das Trauma erneut ausgelöst wird. Das ist der Moment, in dem Sie posttraumatische Symptome erleben und Ihr Selbstgefühl verlieren.

Ein Auslöser kann »allgemein« sein, was bedeutet, dass etwas Sie an das Trauma erinnert, auch wenn es nicht speziell Teil des Traumas selbst war. Wie eine Studie über traumatische Auslöser schlussfolgert: »Die traumatische Erinnerung kann auf eine Weise gespeichert sein, dass neutrale Stimuli, die nur vage einem Aspekt des traumatischen Ereignisses ähneln, ausreichen, um die Erinnerung auszulösen« (Kostek et al. 2014).

Es ist wichtig, dass Sie Ihre persönlichen Auslöser kennen, damit Sie verstehen, was passiert, wenn Ihr Stresslevel zu eskalieren beginnt. Doch wenn Sie sich zu sehr darauf konzentrieren, Ihre Auslöser zu identifizieren, können Sie dadurch weiteren emotionalen Schmerz auslösen. Daher respektieren Sie bitte Ihr inneres Gleichgewicht und fügen sich nicht selbst unnötige Schmerzen zu.

Auslöser können von außen kommen und Sie zum Beispiel über das Sehen, Riechen oder Hören an das Trauma erinnern. Ein externer Auslöser könnte ein Ort oder eine Person sein, die Sie mit dem Trauma assoziieren. Am besten ist es, externe Auslöser so gut Sie können zu meiden, während Sie mit der Heilung des Traumas beschäftigt sind.

Auslöser können auch von innen kommen, in der Regel in Form eines Gefühls, das Sie daran erinnert, wie Sie sich vor oder während des Traumas gefühlt haben. Auslöser wie Traurigkeit, Wut, Furcht oder Einsamkeit können Sie dazu veranlassen, Suchtverhalten zu entwickeln, um diese Gefühle zu betäuben.

Auch negative »Denkmuster« können innere Auslöser sein. Zum Beispiel glauben Sie, dass Menschen wütend auf Sie sind (obwohl dem in Wirklichkeit nicht so ist). Dieser Glaubenssatz kann ein Auslöser sein, auf ungesunde Weise zu reagieren. Oder Sie fallen unbewusst Ihren eigenen negativen Erwartungen zum Opfer und lassen Ihre Ängste damit wahr werden.
Auslöser sind tief sitzende Gedanken- und Gefühlsmuster (die aus dem Bauch kommen und Ihren Geruchssinn einbeziehen können). Diese Muster umgehen jegliche Logik und wirken sich direkt auf Ihr Nervensystem aus, das so reagiert, als würde das alte Trauma genau jetzt passieren. Manchmal ist der Vorgang unbewusst, doch wenn Sie sich bemühen, werden Sie bald die Auslöser-Muster erkennen und in der Lage sein, sie zu heilen.
Achten Sie auf eventuelle Auslöser, aber ohne dabei in Angstzustände zu geraten. Stattdessen prägen Sie sich verschiedene gesunde Strategien ein, mit denen Sie Stress parieren können, zum Beispiel: »Vom Schreibtisch aufstehen und ein paar Minuten herumgehen«, oder »Ich strecke meine Arme und meinen Rücken, um diese Gefühle loszulassen«.

Nehmen Sie sich in Acht vor »Was wäre, wenn …«

Manchmal stecken wir in einem Gedankenkarussell über Vergangenes fest, weil wir das, was passiert ist, immer wieder aufs Neue analysieren. Sich obsessiv mit »Was wäre wenn«-Fragen zu beschäftigen (*Was wäre, wenn stattdessen dies oder jenes passiert wäre?*), ist eine ungesunde und kontraproduktive Form von Selbstvorwurf und Selbstbestrafung.
Es ist segensreich, aus Fehlern zu lernen, damit sie nicht wiederholt werden. Doch an Schuldgefühlen und Selbstvorwürfen festzuhalten, ist nicht produktiv. Und falls Sie als Kind missbraucht wurden, machen Sie sich klar, dass Sie nichts Falsches

getan haben. Kein Kind verdient es, missbraucht zu werden, Punktum!

Schuldgefühle sind das Resultat von Selbstvorwürfen für etwas, das Sie getan oder nicht getan haben. Es ist nicht dasselbe, wie Verantwortung für etwas zu übernehmen. Das Gefühl von Schuld ist ein tief sitzender Glaubenssatz *und* ein Gefühl. Verantwortung ist ein Denkprozess mit einer Schlussfolgerung.

Scham ist das Gefühl, dass etwas mit Ihnen grundlegend nicht in Ordnung ist. Sie schämen sich Ihrer angeblichen Unzulänglichkeiten.

Wenn Sie sich schämen, besteht die Tendenz, dass Sie sich isolieren. Vielleicht erwarten Sie, abgelehnt zu werden, also machen Sie nicht einmal den Versuch, Kontakte zu knüpfen.

Schuldgefühle und Scham dämpfen Ihr inneres Strahlen und nehmen dem Leben Glanz und Farbe. Es ist essenziell, diese negativen Gefühle durch eine zutreffendere und gesündere Selbstwahrnehmung zu ersetzen.

Schuldgefühle und Scham dämpfen Ihr inneres Strahlen und nehmen dem Leben Glanz und Farbe.

Es ist nichts verkehrt oder falsch mit Ihnen. Wenn Sie einen Fehler gemacht haben, besteht keine Notwendigkeit, sich fortlaufend dafür zu bestrafen. Zudem würde das die Vergangenheit *nicht ungeschehen* machen. Doch was Ihnen jetzt und in der Zukunft helfen wird, ist, die richtigen Schritte und Aktionen in Angriff zu nehmen, um in Ihrem eigenen Leben und im Leben anderer Menschen Gutes bewirken zu können.

Ihre Beziehung zum Thema »Zeit«

Eine häufige Quelle von Stress ist die Art und Weise, wie Sie *Zeit* verstehen und damit umgehen. Wie oft haben Sie sich schon geärgert, weil Sie zu spät waren oder einen Abgabetermin nicht einhalten konnten? Zeitdruck ist eine Hauptursache von Stress. Chronische Unpünktlichkeit kann darüber hinaus zu Konflikten in Ihrer Beziehung führen.

Wenn Ihr Gehirn unter Stress ist, fokussiert es sich auf Überleben und Reagieren und weniger auf Planen und Kreieren. Bei chronischem Stress lernt Ihr Gehirn sich ausschließlich auf Überleben und Reagieren zu fokussieren – und wird entsprechend neu verdrahtet. Es hat Schwierigkeiten, den Bereich zu stärken, der für das Entwerfen von Plänen für die Zukunft zuständig ist.

Konstanter Zeitdruck strapaziert Ihren Körper, Ihr Gehirn *und* Ihre Emotionen. Hier sind einige durch Zeitdruck bestimmte Verhaltensmuster – und Möglichkeiten, sie aufzulösen:

– **Anerkennung suchen:** Eine Geisteshaltung wie: *Ich muss jetzt alles richtig machen, sonst kriege ich Schwierigkeiten, oder es wird was Schlimmes passieren* rührt von dem Wunsch her, sich zu beweisen oder eine reale oder imaginäre Autoritätsperson zu beschwichtigen. In der Regel hat dieses Denkmuster seine Wurzeln in der Kindheit, als Sie sich besonders angestrengt haben, um die Anerkennung Ihrer Eltern zu erhalten. Als Erwachsener können Sie dieses Denkmuster einsetzen, um äußere Anerkennung für sinnvolle Absichten und Handlungen – zum Beispiel den krampfhaften Wettlauf mit der Zeit durch geruhsames Arbeiten ersetzen – zu gewinnen oder *sich selbst* dafür Anerkennung zu zollen.

– Sich selbst zu etwas zwingen: Wenn Sie merken, dass Sie einen Satz mit den Worten, »Ich muss…« beginnen, halten Sie inne und fragen Sie sich, warum Sie das tun, was Sie tun. Warum zwingen Sie sich und treiben sich an? Dieses Verhalten ist ein Zeichen, dass Ihre Seele die Aktivität ablehnt, was nicht gut für Sie ist. Entweder meditieren Sie und gelangen an den Punkt, wo Sie glücklich sind mit der Aktivität, oder Sie verändern die Art und Weise, *wie* Sie diese Aktivität vornehmen (zum Beispiel indem Sie zu einem Fitness-Programm übergehen, das Ihnen mehr Spaß macht), oder Sie hören ganz damit auf.

– Unentschiedenheit: Der Gedanke: *Ich kann mich nicht entscheiden, ob ich dies oder das tun soll*, kann dazu führen, dass Sie das Gefühl haben, festzustecken. Das existenzielle Dilemma, Entscheidungen treffen zu müssen darüber, wie Sie Ihre Zeit verbringen, ist die Basis innerer Kämpfe und Ängste. Machen Sie sich bewusst, dass *keine* Entscheidung zu treffen ebenfalls eine Entscheidung ist… denn wenn Sie keine Entscheidung treffen, *entscheiden* Sie damit, in Ihrem gegenwärtigen Zustand zu verharren. Zuweilen fordert das Leben Sie auf, eine Wahl zu treffen, bevor Sie dazu bereit sind. Tun Sie Ihr Bestes und machen Sie das, wozu Ihre Seele Sie auffordert.

– Nicht vorausplanen: Ein Teil der Sucht nach Drama besteht im Zögern und Aufschieben, bis ein Termin oder eine Deadline unmittelbar bevorsteht. Warten Sie bis zum 24. Dezember, bevor Sie Weihnachtsgeschenke kaufen? Oder beginnen Sie mit einem Referat am Abend, bevor Sie es abliefern müssen? Dies sind Beispiele von unnötigem Stress, dem Sie sich selbst aussetzen. Vorausplanung ist eine neue Angewohnheit, die Ihren Stresslevel erheblich reduzieren kann. Eine Möglichkeit zu planen besteht darin, eine umfangreiche Aufgabe in kleine

Schritte zu zerlegen und diese dann in Ihrem Terminkalender zu notieren – eine Methode, die ich persönlich anwende, um meine wöchentlichen Deadlines einzuhalten.

– **Sich stressen, um Eindruck zu machen:** Fühlen Sie sich verbittert und gereizt, weil Sie die ganze Arbeit allein machen müssen? Das ist stressig und schädlich und ein Zeichen, dass Sie a) nach einer Möglichkeit suchen müssen, Ihr Leben zu vereinfachen, damit Sie nicht ständig darüber klagen, wie viel Sie zu erledigen haben, und/oder b) anfangen müssen, die Arbeit zu delegieren und andere zu bitten, Ihnen zu helfen.

– **Sich auf die Zukunft zu fokussieren:** Nach einem Trauma ist es nur natürlich, sich darüber Sorgen zu machen, ob sich etwas so Schmerzhaftes wiederholen wird. Wenn Sie jedoch besessen sind von der Angst vor möglichen zukünftigen Traumata, werden Sie die Freude an der Gegenwart verlieren. Das ist Teil einer posttraumatischen Dissoziation, bei der Sie die gegenwärtige Wahrnehmung Ihrer selbst verlieren. Eine einfache und effektive Methode, um den Kontakt mit dem gegenwärtigen Moment wiederherzustellen, besteht darin, auf Ihren Atem zu achten. Atmen Sie tief ein, und atmen Sie dann vollständig aus. Achten Sie auf Ihre Herzfrequenz. Nehmen Sie wahr, ob Sie sich wohl fühlen oder nicht. Was sehen oder hören Sie jetzt? Das Fokussieren auf gegenwärtige Gefühle und Ihre unmittelbare Umgebung hilft Ihnen, sich im Hier und Jetzt zu zentrieren. Das ermutigt Sie, sich zuversichtlich zu fühlen im Hinblick auf Ihre gegenwärtige Situation *und* Ihre Zukunft.

Den Stress-Drama-Kreislauf stoppen

Unser Strahlen wird gedämpft, wenn wir unsere eigene Gesellschaft nicht genießen. Gut auf uns zu achten, indem wir

uns gesund ernähren und zum Beispiel Yoga oder Meditation betreiben, hilft uns, uns selbst zu lieben und wertzuschätzen. Selbstfürsorge ist von wesentlicher Bedeutung, doch wenn Sie sich nicht selbst wertschätzen, achten Sie unter Umständen nicht darauf, sich Zeit für sich selbst zu nehmen. Am Anfang werden Ihnen schon kleine Schritte helfen.
Achten Sie zum Beispiel auf Zeichen von Anspannung in Ihrem Kiefer, Ihren Schultern, Ihrem Magen oder einem anderen Teil Ihres Körpers. Falls Sie irgendeine stressbezogene Spannung fühlen, hören Sie auf mit dem, was Sie gerade tun, stehen Sie auf, bewegen Sie sich und unternehmen Sie etwas Positives, das Ihnen guttut.
Das Gleiche gilt, wenn Sie merken, dass Ihr Herz vor lauter Stress in den Panikmodus wechselt und zu schnell schlägt. Hören Sie auf mit dem, was Sie gerade tun, gehen Sie weg und nehmen sich ein paar Minuten Zeit, um eins oder alle der folgenden positiven Dinge zu tun:

- Schließen Sie die Augen und atmen Sie tief ein und aus.
- Falls Sie spirituell oder religiös sind, sprechen Sie ein Gebet.
- Dehnen Sie Ihre Arme und jeden anderen Teil Ihres Körpers, der sich verspannt anfühlt.
- Schreiben Sie Ihre Gefühle und Gedanken auf, die in diesem Moment hochkommen.
- Bitten Sie einen vertrauten Menschen, Sie in den Arm zu nehmen, oder streicheln Sie Ihren Hund oder Ihre Katze.

Wenn Sie häufig nervös und ängstlich sind, handelt es sich wahrscheinlich um ein posttraumatisches Symptom. Auch Ihre Ernährungsweise kann Angst und Nervosität verstärken, wie wir bereits besprochen haben. Machen Sie sich bewusst, dass Schritte zur Selbstfürsorge wie die oben genannten oder andere, die im Laufe dieses Buches aufgelistet werden, Ihnen helfen können, Ihr Strahlen, das aus einem Gefühl inneren Friedens entsteht, wiederzugewinnen.

* * *

Im nächsten Kapitel werden wir uns natürliche, aktive Bewältigungsstrategien anschauen, die Sie nutzen können, um sich ruhiger und glücklicher zu fühlen.

Kapitel 6

Richtig essen, um Ihr inneres Strahlen wiederzugewinnen

Menschen, die ein Trauma erlebt haben, neigen vermehrt dazu, sich zu überessen, ungesunde Snacks zu konsumieren und keine Fitness zu betreiben, wie wissenschaftliche Forschungen ergeben haben. Wenn Sie außerdem in der Regel dann Hunger haben, wenn Sie nervös oder emotional angespannt sind, kann jedweder Stress in Ihrem Leben Ihren Appetit noch verstärken.

Und als wäre das noch nicht genug, haben Personen, die an Gewicht zunehmen, dem von der Wissenschaft sogenannten »cyclic obesity/weight-based stigma« COBWEBS zu kämpfen *(Stigma basierend auf zyklischer Fettleibigkeit/Gewicht)*. Was bedeutet, dass ein übergewichtiger Mensch aufgrund des Körperumfangs verurteilt, gehänselt, gemieden und abgelehnt wird. Der Stress sozialer Ausgrenzung führt zu einer Cortisol-Reaktion im Körper. Dieses Hormon wiederum verstärkt den Appetit, und der oder die Betroffene isst noch mehr und nimmt weiter zu. Das Ganze ist ein trauriger Kreislauf, der zu Vereinsamung, Depression, Platzangst und Krankheit führen kann.

Zum Glück *kann* der COBWEBS-Kreislauf erkannt und geheilt werden.

Forscher haben die Verbindung zwischen posttraumatischer Stressreaktion bei jugendlichen und erwachsenen Trauma-Betroffenen – einschließlich Kriegsveteranen – und einen stärkeren Appetit auf gesundheitsschädliche Nahrungsmittel sowie eine Anfälligkeit für Drogenmissbrauch untersucht. Unter anderem fanden sie heraus, dass nur 12,5 Prozent der Kriegsveteranen ein normales Gewicht hatten. Alle anderen waren klinisch oder krankhaft übergewichtig.

Personen, die ständig zu viel Nahrung, Alkohol oder Medikamente konsumieren, sind häufig Trauma-Betroffene. Wie ich bereits erwähnt habe, fokussiert sich sowohl meine Doktorarbeit als auch mein Buch *Losing Your Pounds of Pain* auf die Verbindung zwischen Missbrauch in der Kindheit und der Entwicklung einer Essstörung.

Darüber hinaus neigen die Betroffenen häufig zu ausgeprägter Impulsivität. Was bedeutet, dass sie ohne nachzudenken essen, trinken und rauchen, anstatt rational die langfristigen Konsequenzen zu bedenken.

Bei Menschen, die traumatisiert sind, kann ein Teil ihres Übergewichts auf Stresshormone und Neurotransmitter zurückgeführt werden, weil gestresste Personen in großen Mengen Dinge konsumieren, auf die sie allergisch sind. Der Allergie-Kreislauf wiederum macht sie noch hungriger, noch ängstlicher, noch nervöser und führt zu Schwellungen und Gewichtszunahme. In Kapitel 4 haben wir darüber gesprochen, dass bestimmte Nahrungsmittel erhöhte Mengen Histamin enthalten. Um es noch einmal auf den Punkt zu bringen: Diese Nahrungsmittel lösen allergische Reaktionen in Ihrem Körper aus, vor allem wenn Sie unter großem Stress stehen.

Wenn Sie Dinge essen und trinken, auf die Sie allergisch sind, setzt Ihr Körper Histamin frei – seine Verteidigungswaffe gegen Allergene –, das in Ihren Mastzellen gespeichert wird. Das Problem ist, dass Histamin unangenehme Symptome wie zum

Beispiel Schwellungen, Juckreiz, extremes Schwitzen, Hitzewallungen, eine laufende oder verstopfte Nase und das Gefühl hervorruft, als sei einem immer kalt; hinzukommen niedriger Blutdruck, Herzrhythmusstörungen, Angstgefühle und Depression.

Es ist normal, zuzunehmen und sich krank zu fühlen, wenn Sie Dinge essen, auf die Sie allergisch sind. Die gute Nachricht ist, dass die meisten Menschen sich wieder wohlfühlen und übermäßige Pfunde verlieren, wenn sie darauf achten, dass ihre Ernährung frei ist von Allergenen.

Alle Nahrungsmittel enthalten eine geringe Menge Histamin, doch wenn Ihre Ernährung viel Histamin enthält, oder wenn Sie Dinge essen, die Histamin freisetzen, ist Ihr Körper überfordert. Das gilt vor allem dann, wenn Ihr Leben generell stressig ist, da Stress Histamin produziert. Wir sind von Natur aus allergisch gegen Stress!

Wie Sie sich erinnern werden, habe ich in der Einführung zu diesem Buch erwähnt, wie ich mich angeleitet fühlte, mir eine Lebensweise und Ernährung mit wenig Histamin anzugewöhnen. Also beschloss ich, einen Monat lang keine hoch histaminhaltigen Nahrungsmittel zu konsumieren und zu sehen, wie ich mich dabei fühlte. Diese Umstellung bedeutete definitiv eine Einschränkung in Bezug auf die Dinge, die ich essen konnte. Außerdem bedeutete es, dass ich einigen meiner Leibspeisen Lebewohl sagen musste (die ich wahrscheinlich *wegen* ihres Histamin-Gehalts im Übermaß konsumiert hatte).

Innerhalb von zwei Tagen mit histaminarmer Ernährung spürte ich eine jugendliche Energie und Begeisterung, die ich nie zuvor erlebt hatte. Ich fühlte mich rundum wohl. Ich fühlte mich glücklich. Und ich wusste, dass es an dem geringen Histamin-Gehalt meiner veränderten Ernährungsweise lag. So ein Pech aber auch! Ich hatte gehofft, dass diese Art der Ernährung nicht funktionieren würde, damit ich zu meinen alten Essgewohnheiten mit sauren Gurken, Spinatsalat mit Essig-Dressing, biologischem Tofu und Papaya zurückkehren konnte. Doch als ich mich jeden Tag besser fühlte als am Tag zuvor, wurde mir klar, dass ich von jetzt an nur noch Produkte mit geringem Histamin zu mir nehmen würde. Es ist zwar erwiesen, dass man allmählich dem Speiseplan wieder histaminhaltige Produkte hinzufügen kann. Doch ist es unmöglich, zu den alten Mustern zwanghaften Konsumierens stark histaminhaltiger Nahrungsmittel zurückzukehren, sobald Sie den schädlichen Kreislauf hinter diesen Essattacken erkannt haben.

Mir fällt auf, dass ich mich immer dann, wenn ich von meinem Muster abweiche und Dinge esse, die viel Histamin enthalten oder freisetzen, schnell unwohl fühle und stressige Situationen nicht mehr so gut verkrafte. Das könnte daran liegen, dass – ähnlich wie bei Koffein – Nahrungsmittel mit viel Histamin den Herzschlag beschleunigen. Ein Prinzip in der Sozialpsychologie, Attributionstheorie genannt, besagt, dass Sie ein Ansteigen Ihrer Herzfrequenz dem Gefühl von Gereiztheit oder Aufregung zuordnen. Sie nehmen an, dass Sie aufgeregt oder irritiert sind, weil Ihr Herz schneller schlägt, während es sich in Wahrheit um eine chemische Reaktion handelt. Doch weil Sie *glauben*, dass Sie aufgeregt sind, fangen Sie an, sich entsprechend zu *fühlen*.

Um Sie noch einmal daran zu erinnern: Die meisten histaminreichen Nahrungsmittel sind in Essig eingelegte, gehärtete, lange gelagerte oder fermentierte Produkte. Mit anderen Worten, sie sind nicht *frisch*.

Hört sich diese Beschreibung nicht irgendwie morbide an, wenn man bedenkt, dass die Lebenskraft des Nahrungsmittels schon lange erloschen ist?

Histaminreiche Produkte zeichnen sich durch Geschmacksrichtungen aus, die Sie auf der Skala der dunklen Yang- und Yin-Eigenschaften in der Einführung zu Teil II finden, wie zum Beispiel sauer, scharf, bitter und streng. In jedem Fall *nicht strahlend* – so viel steht fest!

Produkte mit hohem Histamin-Gehalt sind oft konserviert. Sie haben kaum noch Ähnlichkeit mit ihrem natürlichen Zustand, da sie lange gelagert und mit Zusätzen, Konservierungsmitteln und Pestiziden versehen sind.

Im Gegensatz dazu sind Produkte mit wenig Histamin frisch und nicht konserviert. Sie sind erfüllt von Licht und Lebenskraft. Ihr Geschmack wird den leichten und hellen Yang- und Yin-Eigenschaften, wie süß, weich und nährend, zugeordnet.

Die meisten Produkte mit hohem Histamin-Gehalt sind interessanterweise solche, die in der Traditionellen Chinesischen Medizin als »warm« betrachtet werden – was sich nicht auf die Temperatur bezieht, sondern auf die »erwärmenden« Reaktionen, die sie im Körper hervorrufen. Wenn sie exzessiv konsumiert werden, erwärmen sie den Körper jedoch *zu sehr* … insbesondere wenn Sie unter großem Stress stehen. Zu den erwärmenden Reaktionen gehören sowohl übermäßiges Schwitzen und Hitzewallungen als auch Nesselsucht und Juckreiz. »Warme« Nahrungsmittel werden Yang zugeordnet.

Yin-Nahrungsmittel werden als kalt oder kühl bezeichnet, nicht in Bezug auf die Temperatur, sondern hinsichtlich der Art, wie der Körper auf sie reagiert. Sie korrelieren überdies mit einer histaminarmen Ernährung.

Erinnern Sie sich, dass die konkurrenzbetonte, stressige Arbeitswelt eine Yang-Energie besitzt, daher sollten Sie diese mit einer Yin-Ernährung und sanften Yin-Aktivitäten ausgleichen. Es geht immer darum, ein Gleichgewicht zu schaffen.

Wenn Sie sich gestresst fühlen – vor allem wenn Sie die Histamin-Symptome erleben, die in diesem Kapitel und in Kapitel 4 beschrieben sind – ist es eine gute Idee, Nahrungsmittel mit hohem Histamin-Gehalt zu meiden. Dazu gehören unter anderem:

- Lange gelagerte oder konservierte Fleischprodukte, Geflügel oder Fisch – vor allem Schalentiere, die von Haus aus einen hohen Histamin-Gehalt aufweisen
- Gesäuerte und konservierte Milchprodukte wie Sauerrahm, Joghurt und Käse
- Hefehaltige Produkte, vor allem solche mit Weizen
- Alles, was in Essig eingelegt ist
- Alles Fermentierte
- Konservierte Soja-Produkte
- Konservierungs- und Zusatzstoffe

Sie werden sich erinnern, dass es ein paar Nahrungsmittel gibt, die viel Histamin enthalten: Avocados, Spinat, Tomaten, Auberginen, Pfefferschoten, Erdbeeren, Nüsse (außer Macadamianüsse), Samen (außer Chia-Samen) und Papaya. Diese Produkte sind von Natur aus scharf, sauer oder säurehaltig. Wie ich bereits erwähnt habe, ist die Mehrheit histaminhaltiger Nahrungsmittel konserviert. Als ich beschloss, diese Produkte aus meiner Ernährung zu streichen, verlor ich innerhalb von zwei Wochen mehr als 5 Kilo, und mein Bauch war wieder flach. Konservierte Nahrungsmittel machen in der Regel dick! Interessant ist, dass einige Nahrungsmittel mit viel Histamin – Tomaten, Auberginen und Paprika – zur Familie der Nachtschattengewächse gehören. Das bedeutet, dass sie alle Glykoalkaloide und Steroidalkaloide enthalten, die bei sensitiven Personen kurzzeitigen Muskelkater, Schmerzen, Entzündungen und eingeschränkte physische Mobilität auslösen können. Darüber hinaus sollten Sie alles meiden, was Pestizide enthält. Es gibt einen Grund, warum unser Körper als allergische Reaktion Histamin produziert, wenn wir etwas essen oder trinken, das Pestizide enthält. Schließlich bedeutet der Zusatz *-zide* »töten«. Wie brutal und bedrohlich klingt das denn? Diese Intention des Tötens hat nicht die geringste Strahlkraft, ganz im Gegenteil!

Gentechnisch veränderten Organismen (GVO) wurden Pflanzenschutzmittel »eingebaut«, was bedeutet, dass alle GVO-Nahrungsmittel das Potenzial haben, Allergien hervorzurufen. Pestizide und GVO tragen unmittelbar zu Stress bei, da der Körper damit beschäftigt ist, das Gift abzuwehren. Zudem kann das von den Pestiziden freigesetzte Histamin zu Schwellungen und Gewichtszunahme führen. Mit anderen Worten: GVO machen dick!

Aus diesem Grund ist es am besten, biologische und nicht gentechnisch veränderte Produkte zu konsumieren. Manche Menschen haben Bedenken, dass sich biologisch zu ernähren teuer kommt, doch es gibt Möglichkeiten, die Kosten überschaubar zu halten. Ihr eigenes Gemüse anzubauen, auf dem Wochenmarkt die Stände mit biologischen Produkten aufzusuchen und einer biologisch-dynamischen Genossenschaft beizutreten, sind einige der Möglichkeiten, um auf ökonomische Weise Ihre Ernährung mit biologisch angebauten Lebensmitteln zu bereichern.

Die meisten Supermarkt-Manager sind bereit, auf die Wünsche ihrer Kunden nach neuen Produkten einzugehen; Sie können also Ihren nächstgelegenen Supermarkt bitten, tiefgefrorene oder frische biologische Produkte in sein Angebot aufzunehmen. Wenn Sie die hohen Kosten bedenken, die Sie für die Behandlung von Symptomen allergischer Reaktionen auf Histamin zu tragen haben, werden Sie sogar Geld *sparen*, indem Sie Pestizide vermeiden.

Eine Anmerkung zum Thema »Reste-Essen«: Je länger ein Nahrungsmittel vor dem Verzehr aufbewahrt wird (selbst im

Kühlschrank), desto mehr Bakterien bilden sich, und desto mehr Histamin wird produziert. Um sicher zu gehen, dass Sie so wenig wie möglich an Histamin zu sich nehmen, sollten Sie ausschließlich frisch zubereitete Mahlzeiten essen. Achten Sie daher beim Kochen auf die richtigen Portionen. Tiefgefrorene Nahrungsmittel scheinen die Ausnahme zu sein, da in dieser extrem kalten Umgebung kein Bakterienwachstum stattfindet.

Nahrungsmittel mit wenig Histamin

Anstatt …	**Nehmen Sie lieber …**
Kristallzucker	Ahornzucker oder Ahornsirup
Salat-Dressing mit Essig	Olivenöl mit Zitrone und Meersalz
Käse	Macadamianuss-Butter
Weizenprodukte	Reis, Hafer oder Mais (ohne Hefe)
Kaffee	Kamillentee
Alkohol	Smoothies
Pfeffer oder Chili	Würzen mit Meersalz und Oregano, Knoblauch, Salbei oder Rosmarin
Weizenflocken	Haferflocken mit Ahornsirup
Weizennudeln	Nudeln aus braunem Reis; braunen Reis

Konservierte Milch, die Pestizide, Carrageen und andere Zusätze enthält	Macadamianuss-Milch (in einem Mixer Macadamianüsse oder -Nussbutter mit Wasser mischen); auch Hafer- und Reismilch sind gesund und enthalten nur wenig Histamin, vorausgesetzt sie sind frei von Konservierungsstoffen, Carrageen und anderen Zusätzen.
Spinat oder Rucola	Grünkohl oder andere Salatarten
Auberginen	Kürbis
Schokoriegel	Reisgebäck mit Ahornsirup und Macadamianuss-Butter
Dosensuppen	Frische Gemüsesuppe, zubereitet mit gefiltertem Wasser, püriertem Gemüse, Knoblauch und Salz

Getränke mit hohem Histamin-Gehalt

Wenn es darum geht, unser inneres Strahlen zurückzugewinnen, ist das, was wir *trinken*, genauso wichtig wie das, was wir *essen*. Es geht stets darum, mehr Licht aufzunehmen und Dunkelheit zu meiden.
So wie beim Essen gilt auch hier: Je frischer und natürlicher Ihr Getränk, desto besser. Daher ist frisches Wasser (ohne Zusätze wie zum Beispiel Fluoride) das perfekte Getränk bei einer his-

taminarmen Ernährung. Eine ausreichende Aufnahme von Wasser ist auch deswegen so wichtig, da bei einer Dehydrierung Histamin im Körper freigesetzt wird.

Säfte

Zitrusfrüchte enthalten nur wenig Histamin, daher können Personen mit einem geringen Stresslevel sie in der Regel gut vertragen. Doch wenn Ihr Leben hektisch ist, sollten Sie Zitrusfrüchte lieber meiden, um Ihren Histamin-Spiegel zu senken. Alles Saure weist in der Regel Histamin auf.
Äpfel haben von Haus aus wenig Histamin, daher ist biologischer Apfelsaft eine ausgezeichnete Wahl. Apfelsaft können Sie ganz einfach selbst herstellen, indem Sie in einem leistungsstarken Mixer geschnittene biologische Äpfel mit gefiltertem Wasser mischen. Solange Ihre Äpfel aus biologischem Anbau und nicht durch Pestizide belastet sind, können sie auch ungeschält verarbeitet werden. Darüber hinaus eignen sich Äpfel wunderbar zum Süßen Ihrer Gemüsesuppen und anderer Gerichte.

Koffein, Kakao und Alkohol

Also gut, reden wir über die süchtig machenden Getränke, die bekannt dafür sind, dass sie die stärksten Histamin-Reaktionen hervorrufen. Mir ist klar, dass höchstwahrscheinlich einige davon zu Ihren Favoriten gehören; jedoch könnte es sein, dass Sie diese Getränke für das »Histamin-Hoch« lieben, das sie Ihnen geben. Dieses Hochgefühl von gesteigerter Energie und Genuss ist kurzlebig, immer gefolgt von einem Energie-Crash, *plus* den schmerzhaften Symptomen, die wir besprochen haben.
Zahlreiche Untersuchungen zeigen, dass traumatisierte Menschen auffallend häufiger dazu neigen, Alkohol und Drogen im Übermaß zu konsumieren. Diese Untersuchungen wurden durchgeführt mit Kriegsveteranen, Frauen, die abgetrieben

hatten, Missbrauchs-Opfern und Personen, die Naturkatastrophen überlebt haben. Da ein Trauma die chemischen Prozesse im Gehirn und die Wahrnehmung verändert, kann der nüchterne Zustand als beängstigend und ungewohnt intensiv empfunden werden.
Es gibt sowohl eine physische Abhängigkeit von Kaffee, Soft-Drinks, koffeinhaltigem Tee und Alkohol, da der Körper nach der chemischen Reaktion süchtig wird, die das Getränk hervorruft, als auch eine psychologische Abhängigkeit.

– Bei Koffein besteht die psychologische Abhängigkeit in dem Bedürfnis, sich selbst über Gebühr anzutreiben, in der Regel im Rahmen eines extrem stressigen Jobs, der Ihnen nicht wirklich zusagt. Manchmal werden Menschen süchtig nach Koffein, weil sie Überstunden machen wollen, um schneller voranzukommen. Personen mit einer passiven Reaktion auf Trauma benutzen oft Koffein, um sich anzutreiben und damit Anerkennung von anderen zu gewinnen.

– Bei Kakao und Carob (Johannisbrot), die ausgeprägt histaminhaltig sind, besteht ein Wunsch nach Spaß, Vergnügen und Liebe. Schließlich enthält Schokolade Phenylethylamin (PEA), derselbe chemische Stoff, den Ihr Gehirn produziert, wenn Sie frisch verliebt sind.

– Alkohol hat einen hohen Histamin-Gehalt. Selbst Wein-Varianten mit niedrigem Histamin-Gehalt enthalten noch mehr als genug Histamin! Zudem enthalten Weine und Moste Schwefel, der bei darauf empfindlich reagierenden Personen zu Schwellungen und Juckreiz führt. Darüber hinaus gibt es eine psychologische Abhängigkeit, zum Beispiel wenn jemand Alkohol braucht, um sich zu entspannen, zu schlafen oder sich in gesellschaftlichen Situationen wohler zu fühlen.

Es klingt wie eine Ironie, aber tatsächlich *erhöhen* Getränke mit hohem Histamin-Gehalt den Stress in Ihrem Körper. Ihre Stresshormone und Neurotransmitter machen Überstunden, um die Allergene abzuwehren.
Egal ob die psychologische Abhängigkeit mit dem Wunsch zu tun hat, sich zu entspannen, sich anzutreiben, mehr Spaß zu haben oder Liebe zu fühlen … diese hoch histaminhaltigen Getränke sind artifizielle Mittel, um legitime Ziele zu erreichen. Doch es gibt natürliche Methoden, um all diese Ziele zu erreichen, wie wir in den nächsten Kapiteln feststellen werden. Und bei den natürlichen Methoden wird das angenehme Wohlgefühl bleiben, anstatt von unangenehmen Folgen abgelöst zu werden.

Stress und Gewichtszunahme

Wenn Sie Ihr inneres Strahlen zurückgewinnen, verlieren Sie automatisch Übergewicht. Sie sehen viel besser aus und fühlen sich auch viel besser, wenn Sie mehr Licht in Ihr Leben bringen!
Stresshormone und eine stark histaminhaltige Ernährung führen zu Schwellungen, Wasseransammlungen im Gewebe und Gewichtszunahme. Wissenschaftler kamen zu dem Ergebnis, dass vor allem überflüssiges Fett in der Bauchgegend die Folge einer extrem stressigen Lebensweise ist.
Wie ich bereits erwähnt habe, glaubt der alte Teil des Gehirns, dass Stress ein Vorbote für Hungersnot und Entbehrung ist. Wenn wir gestresst sind, erhöht der Körper seine Anzahl von Neuropeptid Y, das sich in einer Studie der University of Michigan aus dem Jahre 2011 als körpereigenes Mittel erwiesen hat, um nach stressigen Situationen wieder für Ruhe zu sorgen. Neuropeptid Y stimuliert zudem den Hunger auf Kohlenhydrate und sorgt dafür, dass wir auch dann hungrig bleiben, wenn

wir etwas gegessen haben. Studien zeigen, dass wir sechs bis acht Stunden lang nach dem stressigen Ereignis hungrig bleiben, dank der erhöhten Menge an Neuropeptid Y. Als wäre das nicht schon genug, bringt Neuropeptid Y den Körper außerdem dazu, Fett als jederzeit verfügbaren Energievorrat in den Bauchzellen zu speichern.
Eine Lebensweise mit hohem Stressfaktor verführt uns dazu, zwanghaft Nahrungsmittel und Getränke mit hohem Histamin-Gehalt zu konsumieren, damit wir uns besser fühlen. Unglücklicherweise führt dies – Sie haben es erraten – zu Gewichtszunahme, Wasseransammlungen und Schwellungen.
Menschen, die gestresst sind, entscheiden sich beispielsweise für Kaffee, um ihre Energie hochzuhalten. Doch mehr als fünf oder sechs Tassen Kaffee am Tag zu trinken führt dazu, dass Sie zunehmen und Schwierigkeiten haben, überflüssige Pfunde loszuwerden, wie Forscher an der University of Western Australia festgestellt haben. Die Wissenschaftler wollten die segensreichen Aspekte von Koffein beweisen, doch stattdessen zeigte sich durch ihre Untersuchung der Zusammenhang zwischen Koffein und Gewichtsproblemen (Mubarak et al. 2013).
Studien zeigen, dass Koffein den Cortisol-Spiegel erhöht, was den Körper veranlasst, Nahrung in Form von Fett zu speichern, anstatt es als Energie zu verbrennen. Cortisol in Folge von erhöhtem Kaffeekonsum ruft zudem Hungergefühle hervor.
Um es kurz zu machen: Kaffee ist *kein* Mittel zum Abnehmen, auch wenn es in der Vergangenheit als solches betrachtet wurde.

Verlangen nach Zucker

Menschen, die gestresst sind, haben in der Regel ein ausgeprägtes Verlangen nach Zucker und Süßigkeiten. Der Grund dafür ist, dass Hypoglykämie (Unterzuckerung/niedriger

Blutzucker) mit der Überproduktion von Cortisol und der verlangsamten Freisetzung der körpereigenen Glukose einhergeht.

Der Konsum von Zucker oder Kohlenhydraten gibt uns einen temporären Energieschub, dem leider ein weiterer Energie-Crash folgt … in der Regel am Nachmittag.

Das Verlangen nach süßen Nahrungsmitteln und gezuckerten Getränken ist selbst bei Säuglingen nachgewiesen worden. Wissenschaftler glauben, dass wir einen angeborenen Appetit nach Süßem haben, weil diese Geschmacksrichtung unseren Ahnen signalisierte, welche Früchte reif und bereit zum Verzehr waren. Das ist wahrscheinlich der Grund, warum es gesünder ist, das Verlangen nach Süßem mit reifen Früchten zu stillen anstatt mit Kristallzucker. Mangos, die nur wenig Histamin enthalten, sind ein sehr süßer, naturbelassener Genuss. Falls es in Ihrer Gegend keine frischen Mangos gibt, können Sie im Bioladen vielleicht biologisch angebaute getrocknete oder tiefgefrorene Mango-Stücke finden … ohne Zusatz von Zucker und ungeschwefelt.

Vitamin C

Wenn Sie nicht genug Vitamin C zu sich nehmen, wird Ihr Körper versuchen, diesen Mangelzustand auszugleichen, indem er Ihren Histamin-Spiegel steigert. Daher ist es wichtig, Ihren Vitamin-C-Konsum zu erhöhen, wenn Sie unter Stress stehen und/oder eine Histamin-Intoleranz haben. Vitamin C ist ein natürliches Antihistamin.

In der Regel betrachten wir Orangensaft als eine perfekte Quelle von Vitamin C. Doch da Orangen viel Histamin aufweisen, empfiehlt es sich Ihr Vitamin C auch aus anderen Quellen zu beziehen, die weniger Histamin aufweisen wie zum Beispiel:

- **Mangos:** 60 mg per 250 g (geschnitten)
- **Grünkohl:** 80 mg pro 250 g
- **Brokkoli:** 80 mg pro 250 g

Die empfohlene Vitamin-C-Menge pro Tag beträgt 90 mg für Männer und 75 mg für Frauen (erhöht auf 85 mg während der Schwangerschaft und 120 mg in der Stillzeit). Sie können sehen, dass eine Portion Brokkoli, Grünkohl oder Mango ausreichend ist, um den Bedarf zu stillen. Durch Kochen, Trocknen, Konservieren und Einfrieren von Nahrungsmitteln reduziert sich der Vitamin-C-Gehalt.

Sie könnten auch Vitamin-C-Tabletten oder -Pulver in Erwägung ziehen: Lesen Sie jedoch aufmerksam den Beipackzettel, um sicherzugehen, dass Ihr Vitamin C aus biologischer Quelle kommt. Viele Vitamin-C-Ergänzungsmittel werden aus konventionell angebautem Mais hergestellt und enthalten Pestizide und Unkrautvernichtungsmittel, was Ihren Histamin-Spiegel erhöhen und zu unerwünschten Symptomen führen wird.

Süchtig machende Nahrungsmittel führen zu BES (Binge-Eating-Störung)

Die Physiologie von Binge Eating wurde bereits in Kapitel 4 erklärt. Doch ist es wichtig, das Grundprinzip noch einmal zusammenzufassen: Wenn Sie etwas essen oder trinken, auf das Sie allergisch sind, können Sie nicht genug davon kriegen und neigen zu zwanghaften Essattacken, weil Allergene suchterzeugende Stresshormone fördern, einschließlich Histamin.

Es könnte also sein, dass Sie glauben, Nahrungsmittel und Getränke mit hohem Histamin-Anteil seien Ihre »Favoriten«, nur weil Sie zu viel davon verschlingen. *Binge Eating* und *Genießen* sind in Wahrheit jedoch zwei sehr verschiedene Dinge:

- Beim *Binge Eating* besteht das dringende Bedürfnis, sich so viel wie möglich in den Mund zu stopfen. Sie haben das Gefühl, als würden Sie nicht genug bekommen, oder dass jemand Ihnen die Speise oder das Getränk wegnehmen könnte.
- Im Gegensatz dazu nehmen Sie sich beim *Genießen* Zeit und kosten jeden Biss oder Schluck aus.

Wenn Sie erst einmal die Nahrungsmittel und Getränke von Ihrem Speiseplan gestrichen haben, auf die Sie allergisch reagieren, werden Sie feststellen, dass Sie Ihre Mahlzeiten mehr genießen; sie fühlen sich entspannter und weniger gestresst.
Und nachdem Sie Ihren Stresslevel reduziert haben, gelingt es Ihnen vielleicht, einige der Produkte mit höherem Histamin-Gehalt erneut in Ihren Speiseplan aufzunehmen. Sobald Sie jedoch merken, dass Sie die Kontrolle verlieren und erneut zu viel davon essen, ist das ein Zeichen, dass Sie noch nicht bereit sind, dieses Produkt zu konsumieren.
Stattdessen möchten Sie vielleicht das eine oder andere natürliche Mittel ausprobieren, um Stress zu reduzieren – wie Sie in den nächsten Kapiteln lesen werden.

Kapitel 7

Ihre strahlende Umgebung

Im letzten Kapitel haben wir darüber gesprochen, wie pestizidbelastete Lebensmittel die Freisetzung von Histamin fördern, da der Körper versucht, die Wirkung der eingenommenen Giftstoffe abzuwehren. Doch ist es ebenso wichtig, generell so wenig wie möglich mit Pestiziden in Kontakt zu kommen.

Diverse Studien haben ergeben, dass eine Pestizid-Belastung sowohl die Histamin- als auch Cortisolproduktion sowie allergische Reaktionen verstärkt (Kido 2013, Ezemonye 2011, Sato 1998, Rohr 1985).

Wir wollen nicht in ständiger Angst davor leben, schädlichen Chemikalien ausgesetzt zu sein, da Angst und Stress an sich schädlich sind, wie wir wissen. Dennoch finden Sie in diesem Kapitel einen Überblick über Umweltfaktoren, die die Produktion von Stresshormonen fördern sowie allergische Reaktionen auslösen können … plus diverse gesunde Alternativen. Je weniger Sie Giftstoffen ausgesetzt sind, desto größer ist Ihr natürliches Strahlen.

Es geht darum, sich bewusst zu werden, wie *Sie* – emotional und physisch – auf Ihre Umwelt reagieren. Am wichtigsten ist es, in Zeiten von erhöhtem Stress, wenn Ihr »Histamin-Eimer« bereits voll ist, Histamin-Auslöser nach Möglichkeit zu meiden. Das bedeutet, sich wo wenig wie möglich den folgenden Quellen von Umweltgiften auszusetzen.

Teppich-Dämpfe

Anstatt neue Teppichböden auszulegen, die mit Chemikalien behandelt sind und giftige Dämpfe ausströmen, versuchen Sie es mit einem Bodenbelag aus Bambus, oder dekorieren Sie Ihr Zuhause mit schönen alten Teppichen. Die Dämpfe aus neuen Teppichböden sind auf Klebstoffe, Schaumgummi-Unterböden sowie chemische Antistatik- und Fleckenschutzmittel zurückzuführen. Untersuchungen zeigen, dass diese Chemikalien – unter anderem *Formaldehyd, Urethan, Methylbutan, Acetat, Styrol, Toluol* und *Polypropylen* – bei sensitiven Menschen zu vermehrter Histamin-Freisetzung und anderen allergischen Reaktionen führen können (Tanaka 2014, Sakamoto 2012); darüber hinaus sind sie ein Gesundheitsrisiko.

Farb-Dämpfe

Traditionelle Fassaden- und Wandfarben enthalten toxische Dämpfe, bekannt als VOC (*volatile organic compounds* – flüchtige organische Verbindungen), die bei sensitiven Menschen zu allergischen Reaktionen führen. Zudem sind diese Farben in hohem Maße mit Schwermetallen angereichert, die die Histamin-Produktion und allergische Reaktionen verstärken (Graevskaya 2003, Huszti 1995). Zum Glück gibt es inzwischen weniger gesundheitsschädliche Farben mit der Bezeichnung *No-VOC*, die nicht so viele giftige Dämpfe ausströmen. Doch auch diese Farben enthalten noch diverse Chemikalien. Wenn Sie die Wände in einem Raum streichen wollen, in dem sich Kleinkinder oder allergiegefährdete Personen aufhalten werden, ist es besser, organische, auf Pflanzen basierende Farben zu wählen, die praktisch frei sind von Chemikalien.

Reinigungsmittel

Eine der Hauptquellen chemischer Schadstoffbelastung sind Reinigungsmittel mit schädlichen Inhaltsstoffen, die sowohl potenziell gefährlich sind als auch Allergien auslösen können. Zum Glück hat Mutter Natur uns mit ätherischen Ölen gesegnet, die ohne schädliche Zusätze desinfizieren und reinigen. Ich benutze diese Öle seit Jahren zum Reinigen und kann Ihnen versichern, dass sie wunderbar funktionieren – und außerdem dafür sorgen, dass Ihr Zuhause von Wohlgerüchen erfüllt ist!

Besorgen Sie sich einfach eine widerstandsfähige Sprühflasche und fügen je zwei Esslöffel Teebaum-, Eukalyptus- und Lavendelöl hinzu; anschließend füllen Sie die Flasche mit gefiltertem Wasser auf. Biologische ätherische Öle gibt es in preiswerten Großmengen online, oder in kleineren Fläschchen in Reform- und Bioläden sowie in der Apotheke.

Waschmittel

Eine Untersuchung hat ergeben, dass konventionelle Waschmittel und Weichspül-Tücher (für den Trockner) mehr als 25 toxische Chemikalien durch den Entlüfter des Trockners freisetzen. Zu diesen Chemikalien gehören *Acetaldehyd* und *Benzol*, bekannte Karzinogene, für die es laut Aussage der *U.S. Environmental Protection Agency* keine sicheren Grenzwerte gibt (Steinemann 2011).

Sie können Ihre Gesundheit schützen und Hautallergien vorbeugen, indem Sie für Kleidung, Handtücher und Bettwäsche umweltfreundliche Waschmittel verwenden. Oder Sie stellen

Ihr eigenes Waschmittel aus Borax und Waschsoda her – im Internet finden Sie eine Vielzahl von Rezepten für selbst gemachte Waschpulver und Seife.
Wenn Sie den Duft eines Weichspül-Tuchs mögen, ist es gesünder und zudem ganz einfach, Ihr eigenes Tuch herzustellen, indem Sie ätherisches Lavendelöl auf einen Waschlappen und diesen zusammen mit Ihrer Wäsche in den Trockner geben. Ich selbst mache das schon seit Jahren und hatte nie irgendwelche Probleme damit, dass das Öl in direkten Kontakt mit der Wäsche kam.

Chemische Reinigung

Ähnlich wie bei Waschmitteln kommen auch bei der chemischen Reinigung starke und giftige Chemikalien zum Einsatz. Diese Schadstoffe gelangen durch die gereinigte Kleidung in direkten Kontakt mit Ihrer Haut, und durch die Nase atmen Sie die toxischen Dämpfe ein.
Die wichtigste Chemikalie bei der Trockenreinigung ist Tetrachlorethen, auch bekannt als *Perchlor*. Perchlor ist von der *U.S. Environmental Protection Agency* als ein »wahrscheinliches Karzinogen« klassifiziert worden, das zu Nerven- und Gehirnschäden führen kann. Studien zeigen, dass selbst eine geringe Menge Perchlor zu einem erhöhten Histamin-Spiegel und anderen allergischen Reaktionen führen kann (Seo 2008).
Erfreulicherweise sind mittlerweile immer mehr biologische und umweltfreundliche Trockenreinigungen zu finden. Das Erste, was Ihnen angenehm auffällt, wenn Sie in einen dieser zukunftsweisenden Läden gehen, ist das Nichtvorhandensein von Dämpfen und Gerüchen, die gemeinhin mit einer chemischen Reinigung assoziiert werden. Und zu Hause werden Sie weiterhin den positiven Umstand zu schätzen wissen, dass Ihre Kleidung nicht nach Reinigungschemikalien riecht.

Plastik und BPA

Ein Mittel, das in den meisten Plastikprodukten zur Härtung verwendet wird, ist unter der Bezeichnung *Bisphenol A* (BPA) bekannt. Viele Untersuchungen haben gezeigt, dass BPA den Hormonhaushalt durcheinanderbringt und die Histamin-Produktion fördert. Der Gebrauch von BPA-haltigen Produkten kann zur Entwicklung von Asthma, Adipositas, Herzerkrankungen und Diabetes sowohl bei Erwachsenen als auch Kindern führen – einschließlich bei Ungeborenen, die BPA durch die Gebärmutter aufnehmen (Moon et al. 2015; O'Brien, Dolinoy, und Mancuso 2014, Nakajima, Goldblum, und Midori-Horiuti 2012; Melzer et al. 2010).

Sie können den Kontakt mit BPA reduzieren, indem Sie möglichst wenige Plastikprodukte benutzen. Vor allem sollten Sie nie Wasser aus Plastikflaschen trinken, einschließlich der großen 20-Liter-Plastikbehälter, die häufig in Büros und Geschäften Verwendung finden. Füllen Sie stattdessen bleifreie Glasflaschen mit gefiltertem Wasser, oder wählen Sie eine Flasche aus rostfreiem Stahl. Falls Sie dennoch Trinkflaschen aus Plastik benutzen, verwenden Sie diese nicht mehr, nachdem sie eine Weile in einem aufgeheizten Auto (oder an anderen heißen Orten) gelegen haben – wobei die meisten kommerziellen Plastikflaschen bereits bei Herstellung und Transport der Hitze ausgesetzt waren. Besonders wichtig ist die Verwendung von BPA-freien Babyfläschchen, die es heute überall zu kaufen gibt. BPA wird freigesetzt, wenn Plastik heiß wird, daher sollten Sie nie Plastikbehälter in der Mikrowelle erhitzen. Mittlerweile sind sich so viele Kunden der Nachteile von BPA bewusst, dass diverse Hersteller BPA-freie Plastikprodukte anbieten, einschließlich verschließbarer Plastikschüsseln. Eine schnelle Suche im Internet nach »BPA-freien Schüsseln« wird Ihnen helfen, die richtigen zu finden.

Darüber hinaus enthält auch die Innenbeschichtung von Konservendosen für Bohnen, Gemüse etc. BPA – ein weiterer Grund, sich für frische Lebensmittel zu entscheiden. Mittlerweile gibt es vorausdenkende Unternehmen, die auf dem Etikett stolz verkünden, dass ihre Dosen frei sind von BPA. Außerdem enthalten die Quittungen, die an Ladenkassen ausgedruckt werden, BPA. Wenn Ihnen also wirklich daran liegt, Kontakt mit BPA zu vermeiden, sollten Sie Kassenzettel nicht berühren.

Hygieneartikel und Kosmetika

Es gibt keine oder nur wenige Regeln hinsichtlich der Chemikalien, die bei der Herstellung von Hygieneartikeln und Make-up erlaubt sind, daher heißt es »Konsumenten, aufgepasst!« – vor allem wenn Sie generell empfindlich auf Chemikalien reagieren. Produkte wie antibakterielle Seifen, Shampoos, Lotionen, Zahnpasta, Lippenstifte, Haarfärbemittel und Nagellack enthalten häufig giftige Chemikalien und Schwermetalle, die sowohl zu allergischen Reaktionen führen als auch krebserregend sein können.
Darüber hinaus können Hygieneartikel und Kosmetika diverse Substanzen enthalten, die Histamin im Körper freisetzen – unter anderem Zimtaldehyd, Perubalsam, jegliche Formen von Benzoaten, Sulfaten und künstlichen Farbstoffen – und Kontaktallergien auslösen können (Vanderende 2001, Schaubschläger 1991).
Am sichersten ist es, wenn Sie sich bei jedem Produkt, das Sie kaufen – und dazu gehören alle Kosmetika und Cremes, die mit Ihrer Haut in direkte Berührung kommen – die Inhaltsangabe durchlesen. Schließlich funktioniert jede einzelne Pore wie ein kleiner Mund, der alles aufnimmt, womit Sie Ihre Haut einreiben. Eine gute Faustregel lautet: »Wenn

Sie es nicht essen würden, dann tun Sie es nicht auf Ihre Haut«.

Sie können ungiftige und wirksame Produkte zur persönlichen Pflege sowie Kosmetika in den meisten Naturkostläden und online finden. Bei der Suche im Internet werden Sie zudem inspirierende Anleitungen für selbst gemachte Deodorants, Zahnpasta, Rasiercremes, Haarspülungen und Ähnliches finden.

Ich persönlich liebe die Datenbank der *Environmental Working Group* (ewg.org/skindeep), die Ihnen die Möglichkeit gibt, den Namen Ihrer Pflegeprodukte und Kosmetika einzugeben, um zu erfahren, ob sie toxisch sind oder nicht, und warum.

Stofffarben und Chemikalien

Alles, was Sie auf der Haut tragen, sollte ohne Giftstoffe und so weit wie möglich frei von Chemikalien sein. Als ich vor Jahren damit begann, die Verbindung von Kleidung und Allergien zu untersuchen, stellte ich entsetzt fest, welche Vielzahl von Chemikalien beim Herstellungsprozess Anwendung finden.

Alle Kleidungsstücke, die als antistatisch, nicht einlaufend, faltenfrei, wasserabstoßend etc. beschrieben werden, sind mit Formaldehyd behandelt worden, einem hochgiftigen, krebserregenden chemischen Stoff, der die Histamin-Produktion ankurbelt und sowohl Kontaktdermatitis als auch andere allergische Reaktionen auslöst (Tanaka 2014, Fujimaki 1992).

Auch Stofffarben enthalten jede Menge Formaldehyd. Es ist eine Schande, dass die meisten Länder keine Standards dafür haben, welche Chemikalien in Stoffen, die mit unserer Haut in Kontakt kommen und sogar bei der Herstellung von Babykleidung verwendet werden, akzeptabel sind und welche nicht. Eine im Jahre 2007 durchgeführte neuseeländische Untersuchung über Formaldehyd in Kinderkleidung, die in China produziert wurde, ergab, dass die als »sicher« betrachtete Menge um 900 % überschritten wurde (Clement 2011). Flammschutzmittel auf Kinderschlafanzügen wiesen sogar eine noch höhere Toxizität auf.

Baumwollkleidung ist randvoll mit Pestizid-Resten, da Baumwolle eines der sowohl am meisten gespritzten als auch am häufigsten genetisch modifizierten Produkte ist. Untersuchungen zeigen, dass die bei Baumwolle zum Einsatz gekommenen Pestizide zur Freisetzung von Histamin im Körper und anderen allergischen Reaktionen führen (Newball 1986).

Alternativen zu chemisch bearbeiteter Kleidung sind Produkte aus natürlichen Fasern, wie zum Beispiel zertifizierte biologische Baumwolle, Hanf, Bambus und Leinen. Wählen Sie Kleidung auf der Basis von Pflanzenfarben, die zwar nicht so leuchtend sind, dafür aber größtenteils frei von Chemikalien. Eventuelle Mehrkosten können als Investition in Ihre Gesundheit betrachtet werden, ähnlich wie beim Kauf von Bio-Nahrungsmitteln. Besonders empfehlenswert sind biologische Materialien mit ungiftigen Farben, wenn es um Unterwäsche, Sportbekleidung (Schweiß leitet die Chemikalien in Ihre Poren) und vor allem um Kinderkleidung geht. Sie können diese Produkte zu günstigen Preisen im Internet finden, unter anderem auf etsy.com.

Vintage-Kleidung ist sogar noch günstiger und stammt häufig aus der Zeit, als noch kaum Chemikalien verwendet wurden, oder sie ist so alt, dass die Chemikalien sich aufgelöst haben.

So wie bei allen anderen Produkten sollten Sie auch bei Kleidungsstücken die Etiketten aufmerksam lesen. Wenn da »biozertifiziert« und »fair trade« steht, sind Sie auf dem richtigen Weg. Doch vergessen Sie nicht, dass ein Kleidungsstück zwar als »umweltfreundlich« zertifiziert werden kann, was aber nicht unbedingt bedeutet, dass es ungiftig ist, falls es aus wie-

derverwendetem Polyester oder anderen Plastikmaterialien gefertigt wurde.
Heute gibt es mehr Kleidung zu kaufen als je zuvor; sie ist billig und verkommt leider oft zum Wegwerfartikel … doch fordert sie einen hohen Preis im Hinblick auf unsere Gesundheit und die Gesundheit der Menschen, die diesen toxischen Chemikalien ausgesetzt sind, insbesondere unter den unmenschlichen Bedingungen in Ausbeuterbetrieben, die leider immer noch weltweit geführt werden.

Bettwäsche

Doch nicht nur Ihre Kleidung, sondern auch Ihre Bettwäsche sollte so wenig wie möglich mit toxischen Chemikalien belastet sein. Schließlich kuscheln Sie sich jede Nacht mindestens fünf oder mehr Stunden darin ein.
Fangen Sie bei Ihrem Bett an: Wenn es als *flammenhemmend* etikettiert ist, bedeutet dies, dass Sie in einem Laken voll mit giftigen Chemikalien schlafen. Gut, es ist aus Sicherheitsgründen wichtig, entflammbare Materialien zu vermeiden. Doch was ist der Preis in Bezug auf Ihre Gesundheit? Entscheiden Sie sich lieber für eine biozertifizierte Matratze aus reinem Gummi, erhältlich in Spezialgeschäften. Diese Matratzen sind angenehm, komfortabel und frei von Chemikalien.
Zumindest sollten Sie in Laken aus biozertifiziertem Stoff investieren, zum Beispiel aus Bambus oder Baumwolle, die einen gesunden Schlaf fördern, weil diese Stoffe atmen. Falls Sie sich um Ihren Komfort sorgen, nehmen Sie Bambus, das so weich – oder noch weicher – wie die feinste Baumwolle ist.
Decken und Kissen sollten ebenso aus biozertifizierten Materialien hergestellt sein, gefärbt mit ungiftigen Farben. Betrachten Sie auch dies als Investition für einen erholsamen Schlaf, der Ihnen hilft, noch heller zu strahlen.

Luftschadstoffe

Ein guter Luftreiniger ist eine weitere lohnende Investition in Ihre Gesundheit. Wie Sie in diesem Kapitel erfahren haben, werden viele Umweltgifte als Dämpfe eingeatmet. Wenn Sie unterwegs sind, tun Sie Ihr Möglichstes, um Zigarettenrauch zu vermeiden, der erwiesenermaßen den Histamin-Spiegel erhöht, auch wenn er in Form von Passivrauchen eingeatmet wird (Omini 1990).
Neuere Forschungen zeigen außerdem, dass *indirekter* Rauch (zum Beispiel das Einatmen von Zigarettengeruch auf der Kleidung eines anderen, oder in einem Auto zu sitzen, in dem geraucht wurde) krebserregend ist (Sleiman 2010).

Elektromagnetische Felder

Als hochsensitiver Mensch können Sie aller Wahrscheinlichkeit nach die elektromagnetischen Felder (EMF) von elektronischen Geräten fühlen. Es kann sein, dass Sie Schwierigkeiten haben, ein Mobiltelefon ans Ohr zu halten, und es vorziehen, die Lautsprechanlage Ihres Telefons einzuschalten, was tatsächlich die gesündeste Entscheidung ist!
Forschungen haben gezeigt, dass elektromagnetische Felder unsere Mastzellen anregen, Histamin freizusetzen, was zu Entzundungen und anderen allergischen Reaktionen führt (Gangi 2000, Rajkovic 2005).
Im Rahmen einer Studie wurde festgestellt, dass bereits bei Personen, die nur zwei Stunden vor dem Fernsehgerät sitzen, eine auffallend hohe Produktion von Histamin aus ihren Mastzellen zu beobachten ist. Die Forscher fanden heraus, dass elektromagnetische Felder zu einer sogenannten »Bildschirm-Dermatitis« oder zu Hautallergien führen können (Johansson 2001).

Es ist ratsam, sich ein Gerät zu besorgen, das die elektromagnetischen Felder der elektronischen Geräte misst, die Sie benutzen. Sie finden diese Geräte in Hardware- und Online-Shops. Außerdem werden heute bei den meisten elektronischen Geräten Versionen mit geringem EMF angeboten – eine wertvolle Investition. Einige Hersteller verkaufen zudem elektromagnetische Schutzschilde.

Ärzte und Naturheiler empfehlen, Ihre elektronischen Geräte nicht nur auszuschalten, sondern den Stecker rauszuziehen, wenn sie nicht in Gebrauch sind, und Ihr Schlafzimmer möglichst frei von diesen Geräten zu halten.

Im nächsten Kapitel werden wir uns andere natürliche Möglichkeiten anschauen, um Stressreaktionen zu bekämpfen.

Kapitel 8

Linderung von Stress, Depression, Nervosität und Angst auf natürliche Weise

Es steht außer Zweifel, dass Medikamente helfen, Symptome des Trauma-Drama-Kreislaufs zu erleichtern. Doch wie wir schon besprochen haben, können Chemikalien ernste Nebenwirkungen haben und Ihr inneres Strahlen dämpfen. Das ist der Grund, warum natürliche Heilmittel ein so großer Segen sind.

Studien zeigen, dass Stress zur Histamin-Produktion führt, was zur Folge hat, dass Sie hellwach sind. Tatsächlich ist dies eine der Ursachen für die *Sucht* nach Stress und Drama – die stimulierende Wirkung von Histamin sowie anderen Neurotransmittern und Hormonen.

Nach einem anstrengenden Tag voller Stress fühlen Sie sich daher kribbelig und überstimuliert. Das ist der Moment, wenn viele Menschen zu einer beruhigenden Substanz greifen, zum Beispiel Alkohol, um sich zu entspannen oder einschlafen zu können. Das Problem ist, dass Alkohol die Histamin-Produktion noch zusätzlich anregt und die REM-Schlafzyklen stört. Letztendlich führt Alkohol also nicht zu einem erholsamen Schlaf.

In diesem Kapitel werden wir uns Blumen, Kräuter und andere natürliche Heilmittel anschauen, die Entspannung fördern und

Nervosität mindern. Wenn Sie gut und tief schlafen, kann Ihr Gehirn Melatonin produzieren und in Serotonin umwandeln – ein Prozess, der Ihnen hilft, auf natürliche Weise gute Laune und Energie zu tanken. Außerdem schützt Serotonin vor dem Verlangen nach Nahrungsmitteln und Getränken, die nicht gut für Sie sind.

Ich persönlich habe jedes der in diesem Kapitel beschriebenen natürlichen Mittel ausprobiert. Sie sind wissenschaftlich erforscht und Studien haben bewiesen, dass sie allesamt wirksame Mittel sind, um die Auswirkungen von Trauma zu heilen.

Ich stelle Ihnen in diesem Kapitel zahlreiche heilsame Mittel und Methoden vor. Betrachten Sie sie bitte als eine Art »Büfett«, von dem Sie sich das aussuchen können, was Ihnen zusagt. Je mehr dieser natürlichen Heilmittel Sie benutzen, desto besser ist es. Eventuelle Wechselwirkungen mit rezeptpflichtigen Medikamenten werden bei jeder Beschreibung aufgeführt.

Einige wissenschaftliche Untersuchungen zeigen, dass diese heilenden Blumen, Kräuter und Methoden beim Kampf gegen Depression und Angst ebenso wirkungsvoll – wenn nicht sogar wirkungsvoller – sind als rezeptpflichtige Medikamente. Darüber hinaus können sie Ihnen helfen, Ruhe zu finden und besser zu schlafen.

Kamille

Die Kamille ist eine kleine Blüte, ähnlich wie ein Gänseblümchen, die – wenn sie getrocknet und eingenommen wird – eine beruhigende und besänftigende Wirkung hat. Die Kamille wurde bereits im alten Ägypten, in Griechenland und Rom benutzt, um Probleme mit den Atemwegen, Verdauungsstörungen und Hautunreinheiten zu behandeln.

Heutzutage findet dieses heilsame Kraut in erster Linie als Tee Verwendung. Studien haben erwiesen, dass die Terpenoide und Flavonoide in getrockneter Kamille Angstgefühle mildern und Schlaf fördern, was Kamillentee zu einem perfekten Getränk vor dem Schlafengehen macht.

Eine doppelblinde Studie mit 61 Patienten, die unter Angstzuständen litten, zeigte, dass Kamille ihre Angstmuster auffallend stärker reduzierte als ein Placebo. Eine andere Studie berichtete über ähnliche Resultate bei Depression (Amsterdam et al. 2009, 2012).

Zudem hat Kamille eine entzündungshemmende Wirkung. Viele Untersuchungen kamen zu dem Ergebnis, dass Kamille sich bei der Abwehr bestimmter Krebsarten sowie bei Herzerkrankungen als segensreich erwiesen hat. Zudem gibt es Beweise, dass das Einatmen von heißem Kamillendampf allgemeine Erkältungssymptome erleichtern kann.

Ich trinke jeden Morgen als Erstes eine Tasse Kamillentee. Nichts ist besser als entspannt in einen erfolgreichen Tag zu starten. Es geht darum, dass Sie Ihren Tag und Ihre Arbeit genießen und nicht darum, Ihre Aufgaben möglichst schnell zu erledigen (indem Sie Koffein und andere anregende Mittel konsumieren).

Die Wirkung von Kamille ist so stark, dass Wechselwirkungen mit rezeptpflichtigen Medikamenten auftreten können; sollten Sie also gegenwärtig Medikamente dieser Art nehmen, reden Sie bitte mit Ihrem Arzt und stellen eigene Nachforschungen an.

Johanniskraut

Neben der Kamille wird die Blüte einer weiteren Pflanze, *Hypericum perforatum,* für ein wunderbar heilendes Mittel extrahiert. Sie ist bekannt unter dem Namen Johanniskraut.

Eine bahnbrechende Studie mit 135 klinisch depressiven Männern und Frauen hat die Wirksamkeit von Johanniskraut mit der von Prozac verglichen. Dabei erhielt ein Drittel der Testpersonen Johanniskraut, ein Drittel Prozac und ein Drittel bekam ein Placebo. Es handelte sich um eine doppelblinde Studie, was bedeutet, dass weder die Forscher noch die Patienten wussten, wer welche Behandlung erfuhr. Am Ende der zwölf Wochen zeigten die Testpersonen, die Johanniskraut bekommen hatten, eine besonders auffallende Reduzierung ihrer depressiven Symptome (Fava et al. 2005). Johanniskraut übertraf Prozac bei der Heilung von Depressionen!
Eine andere doppelblinde Studie mit 1200 depressiven Personen, die mit Johanniskraut behandelt wurden, kam zu einem ähnlichen Ergebnis und stellte fest, dass Johanniskraut-Extrakt »eine auffallend segensreiche Wirkung bei akuter Behandlung von Patienten hat, die unter einer milden Form von Depression leiden, und zu einer substanziellen Erhöhung der Wahrscheinlichkeit einer Heilung führt« (Kasper et al. 2008).
Je mehr Hyperforin (ein Bestandteil von Johanniskraut) eine Dosierung enthält, desto erfolgreicher reduziert sie depressive Symptome. Eine Untersuchung zeigte, dass Dosierungen von 300 mg mit einem Hyperforin-Anteil von fünf Prozent die beste Wirkung erzielten, während Dosierungen mit 0,5 Prozent Hyperforin vergleichbar waren mit der Wirkung eines Placebo (Laakmann et al. 1998).
Es gibt zwei Nachteile bei Johanniskraut, die erwähnt werden sollten: Zum einen berichten manche Personen von Schwindelgefühlen oder Müdigkeit nach der Einnahme (zum Glück ist dies keine weitverbreitete Nebenwirkung). Zum anderen sind die Blüten des Johanniskrauts, das überall in der freien Natur wächst, für manche Tiere giftig.

Lavendel

Die schöne blasslila Blume Lavendel findet seit Langem Anwendung als Mittel zur Entspannung und für erholsamen Schlaf. Untersuchungen zeigen, dass das Einatmen von natürlichem Lavendelduft Angstgefühle auffallend reduziert und Menschen mit Schlafproblemen helfen kann, einzuschlafen.
Eine dieser Studien stellte fest, dass das Einatmen von Lavendel den prozentualen Anteil der Tiefschlafphasen und des leichten Schlafs erhöhte. Die Studie kam zu dem Schluss: »Lavendel dient als mildes Sedativ« (Goel, Kim, und Lao 2005). Die Inhalation von Lavendel vor dem Einschlafen stärkt zudem das Gefühl von Vitalität und Elan am nächsten Morgen.
Eine vor Kurzem durchgeführte Nachprüfung von Studien über die orale Einnahme von Lavendel führte zu der Erkenntnis, dass Lavendel-Produkte angstlindernde Wirkungen haben – was bedeutet, dass sie Erleichterung bei Stress und Angstzuständen bieten (Perry et al. 2012). Eine besonders spannende Untersuchung kam zu dem Schluss, dass die Inhalation von Lavendel den Cortisol-Spiegel reduziert. Verglichen mit dem Genuss von Alkohol vor dem Schlafengehen oder der Einnahme von Schlaftabletten ist das Inhalieren von Lavendel eine Möglichkeit, leichter einzuschlafen und morgens ohne Kater aufzuwachen.
Es ist eine gute Idee, jede Nacht Kopfkissen und Bettwäsche mit ein wenig Lavendelöl einzusprühen. Sie bekommen dieses ätherische Öl in Naturkostläden oder in der Apotheke. Achten Sie nur darauf, dass es echtes Lavendelöl ist und nicht synthetisches.

Ätherische Zitrusöle

Zwei umfangreiche Studien kamen zu dem Ergebnis, dass die Inhalation von reinen Zitrusölen (Zitrone, Orange oder Grapefruit) den neuroendokrinen Hormonlevel und die Immunfunktion bei depressiven Personen deutlich stärker normalisiert als antidepressive Medikamente. Die Forscher schlossen daraus, dass das Einatmen von Zitrusölen »die stressbedingte Unterdrückung der Immunfunktion wieder normalisieren kann, was darauf hindeutet, dass der Zitrusduft sich positiv auf die Wiederherstellung des homöostatischen Gleichgewichts auswirken kann« (Komori et al. 1995).

Melatonin

Melatonin, ein Hormon, das nachts von der Zirbeldrüse gebildet wird, hilft Ihnen, gut zu schlafen. Wenn Sie eine gesunde Lebensweise pflegen und im Laufe des Tages genug Sonnenlicht tanken, wird Ihr Gehirn ausreichende Mengen Melatonin produzieren.

Viele Menschen jedoch haben einen reduzierten Melatonin-Spiegel, vor allem wenn sie älter werden. Melatonin-Ergänzungsmittel werden als sichere und effektive Möglichkeit betrachtet, Schläfrigkeit und Schlaf herbeizuführen. Die meisten Studien über Melatonin zeigen, dass die betreffenden Personen nach der Einnahme von Melatonin am nächsten Morgen in einer besseren Stimmung sind, weil sie einen erholsamen Schlaf hatten. Eine doppelblinde Studie kam zu dem Schluss, dass Melatonin Kindern half, ihre Schlafstörungen ohne Nebenwirkungen zu überwinden (Jan, Espezel, und Appleton 1994).

Es deutet einiges darauf hin, dass Melatonin zudem krebshemmend ist, ein weiterer Aspekt seiner potenziellen Vorteile für die Gesundheit. Sie finden Melatonin-Präparate in den meisten Naturkostläden sowie Apotheken.

Baldrian

Die Studien über die Wirksamkeit von Baldrian – ein Heilkraut, das benutzt wird, um Schlaf herbeizuführen und Angstgefühle zu reduzieren – sind zu unterschiedlichen Ergebnissen gelangt. Manche Studien zeigen, dass Baldrian die gleiche Wirkung hat wie ein Placebo, während andere über beachtliche Vorteile bei der Behandlung von Schlaflosigkeit berichten.
Baldrian zeichnet sich durch einen intensiven Geschmack, Nachgeschmack und Geruch aus, daher ist es am besten, ihn in Form von vegetarischen Kapseln anstatt in Tropfenform zu nehmen. Die gute Nachricht ist, dass Baldrian kaum Nebenwirkungen hat und daher eine sichere Alternative zu chemischen Schlafmitteln bietet.

Kava (Rauschpfeffer)

Kava, eine Pflanze, die auf den südpazifischen Inseln wächst, wird schon seit Langem als Sedativ und Rauschmittel benutzt. Es ist in flüssiger Form oder als Kapseln erhältlich und wird aus der Wurzel sowie den Blättern der Pflanze gewonnen. Studien zeigen, dass Kava die Dopamin-Rezeptoren anregt, um ihre euphorisierende Wirkung freizusetzen.
In manchen Teilen der Welt ist Kava verboten, vor allem wegen Bedenken hinsichtlich seiner Toxizität. Hersteller jedoch machen Schimmel für die toxischen Reaktionen verantwortlich und erklären, dass neue, schärfere Kontrollen Gesundheitsrisiken ausschalten.
Mehrere doppelblinde Studien kamen zu dem Schluss, dass Kava den Grad von Angst und Depression deutlich reduzierte,

verglichen mit einem Placebo. Während eine Untersuchung aus dem Jahre 2012 keine schädlichen Nebenwirkungen von Kava fand, sollte nicht unerwähnt bleiben, dass es im Mund zu erheblichen Taubheitsgefühlen kommt: Falls Ihnen dieser Gedanke unangenehm ist, können Sie alternativ auf Kapseln zurückgreifen.

Meditationsmusik

Sanfte, beruhigende Musik fördert die Entspannung. Untersuchungen haben gezeigt, dass Spannungen, negative Emotionen und andere Auswirkungen von Stress reduziert werden, wenn sanfte Musik im Hintergrund läuft.
Hier sind einige der Resultate dieser Untersuchungen:

– **Meditative Musik bietet heilende Hilfe bei posttraumatischen Stressreaktionen.** Mehrere Studien berichten über auffallende und messbare positive Effekte, die das Hören sanfter Musik bei Personen bewirkt, die unter den Auswirkungen von Trauma leiden. So wird Schlaflosigkeit erleichtert, die Schlafqualität gefördert und es ist eine generelle Reduktion der Stresssymptome festzustellen.

– **Musik hören bei der Arbeit ist heilsam.** Eine Studie kam zu dem Ergebnis, dass Menschen, die während der Arbeit an einer stressigen Aufgabe Musik hörten, keinen erhöhten Cortisol-Spiegel aufwiesen – wohingegen Testpersonen, die die gleiche stressige Aufgabe ohne Musik erledigten, einen deutlich höheren Cortisol-Spiegel zeigten.

– **Die Art der Musik ist entscheidend.** Ein Vergleich zwischen Menschen, die entweder klassische Musik, Heavy Metal oder gar keine Musik hörten, stellte fest, dass klassische Musik einen messbar beruhigenden Effekt hatte... was weder bei Heavy Metal noch bei Stille der Fall war. Also achten Sie darauf, welche Musik Sie anhören, da sie sich auf Ihre Stimmung und Energie auswirkt.

– Angst wird gemindert. Untersuchungen zeigen, dass Angst-Level und Blutdruck bei Personen, die vor einem stressigen Ereignis (zum Beispiel einer Operation) klassische Musik oder Meditationsmusik hören, auffallend niedriger sind.

– Musik ist gut fürs Herz. Laut Untersuchungen zeigten Patienten mit kardiovaskulären Erkrankungen beim Hören entspannender Musik eine so auffallende Verbesserung ihrer Herzfrequenz, dass Forscher empfahlen, nach der Operation den bettlägerigen Patienten Musik vorzuspielen, während sie sich von ihrer Herzoperation erholten. Der Forschungsleiter kam zu dem Schluss:
»Der größte Segen für die Gesundheit wird mit klassischer Musik und Meditationsmusik erreicht, während Heavy Metal oder Techno nicht nur unwirksam, sondern möglicherweise gefährlich ist und zu Stress und/oder lebensbedrohlichen Herzrhythmusstörungen führen kann. Die Musik vieler klassischer Komponisten verbessert in hohem Grade die Lebensqualität, fördert die Gesundheit und ist wahrscheinlich lebensverlängernd.« (Trappe 2010)

– Singen und Musik hören sind zweierlei Dinge. Eine interessante Studie hat den Cortisol- und Emotions-Level sowohl bei Chorsängern als auch bei Menschen gemessen, die Chormusik anhörten. Sie stellte fest, dass Singen den Cortisol-Spiegel erhöhte und negative Emotionen reduzierte. Personen, die zuhörten, ohne selbst zu singen, erlebten das Gegenteil: Ihr Cortisol-Spiegel fiel ab, doch ihre negativen Emotionen nahmen zu. Der erhöhte Cortisol-Spiegel bei den Sängern war vermutlich auf Lampenfieber zurückzuführen. Mit großer Wahrscheinlichkeit würden Menschen, die allein singen, ohne Publikum, nicht den gleichen Anstieg des Stresshormons aufweisen.

Aus diesen Studien geht klar hervor, wie entspannend und gesundheitsfördernd es ist, sanfte, meditative Musik zu hören. Je öfter Sie sich beruhigende Musik anhören, umso besser.
Zum Glück gibt es online-Radiosender, die Sie abonnieren können und bei denen Sie durch Zahlung eines geringen monatlichen Betrages auf Werbespots verzichten können (die Sie aus Ihrem meditativen Zustand hochschrecken würden). Auch YouTube bietet lange Meditationsvideos kostenfrei an. Verwenden Sie die folgenden Suchbegriffe, um im Internet entspannende Musik zu finden: *Meditationsmusik*, *Spa-Musik*, *Naturmusik* und *Entspannungsmusik*.

Massage und Körpertherapie

Massiert zu werden ist für die meisten Menschen ein entspannender Genuss. Wobei Personen, die übervorsichtig sind, Schwierigkeiten haben, während einer Massage ihre allzeit bereiten Verteidigungsmechanismen loszulassen.
Es gibt einen Unterschied zwischen *Massage* und *Körpertherapie*:

- **Massage** ist ein Prozess, der nur der Entspannung dient und Ihnen die Möglichkeit gibt, Anspannung loszulassen.
- **Körpertherapie** wird angewandt, um Verletzungen, verspannte Muskeln und emotionalen Schmerz zu be-

handeln. Massage- und Körpertherapeuten lassen sich zusätzlich ausbilden, um mehr über Physiologie und spezielle Heilmethoden zu lernen.

Wie bereits an früherer Stelle erwähnt, gab es in meinem Team in der Frauenabteilung des Krankenhauses für Psychiatrie auch ausgebildete Körpertherapeuten. Im Laufe dieser Behandlungen kamen in den Patientinnen unterdrückte Erinnerungen hoch; sie gewannen hilfreiche Einsichten und erlebten ein befreiendes Loslassen aufgestauter Emotionen. Massagetherapie reduziert Ihren Cortisol-Spiegel und steigert die Menge der Wohlfühlhormone Dopamin, Oxytocin und Serotonin im Blut. Was zur Folge hat, dass Sie sich entspannt fühlen und wohlgelaunt sind.
Untersuchungen zeigen ausnahmslos, dass Massage in hohem Maße Depression, Angst und posttraumatische Symptome reduziert, Blutdruck und Herzfrequenz senkt und den Schlafzyklus verbessert.
Wissenschaftler, die traumatisierte Veteranen der National Guard untersucht haben, die im Irak stationiert waren, berichteten, dass therapeutische Massagen »bemerkenswerte Reduktionen bei der Einschätzung von physischem Schmerz, physischer Anspannung, Gereiztheit, Angst/Sorgen und Depression« zur Folge hatten. (Collinge, Kahn und Soltysik 2012).
Bei der Wahl eines Massagetherapeuten achten Sie darauf, ob er Erfahrung hat im Bereich der Trauma-Behandlung. Dieser Therapeut wird es verstehen, wenn Sie während der Behandlung starke Emotionen durchleben. Erfahrene Trauma-Massagetherapeuten werden im Gespräch neutral bleiben und ihre Meinung für sich behalten, um bei dem Klienten keine unbeabsichtigten Emotionen auszulösen.

Den Schlafplatz optimal vorbereiten

Sie können leichter einschlafen und durchschlafen, wenn Sie ein paar Änderungen in Ihrem Schlafzimmer und bei Ihren Schlafgewohnheiten vornehmen:

- **Verdunkeln Sie Ihr Schlafzimmer.** Selbst ein kleines Nachtlicht wird Ihr Gehirn stimulieren und Ihren Tiefschlaf behindern.
- **Halten Sie den Raum kühl.** Wir schlafen besser in einem Raum mit niedriger Temperatur. Wenn Ihnen kalt ist, ziehen Sie warme Socken an, was laut Untersuchungen zu einem besseren Schlaf führt.
- **Vermeiden Sie elektronische Geräte im Schlafzimmer.** Schalten Sie Ihre drahtlose Internetverbindung nachts aus und schauen Sie eine Stunde vor dem Schlafengehen weder fern noch auf Ihre diversen Bildschirme (Telefon, iPad, Computer etc.). Studien zeigen, dass das »blaue Licht« dieser Geräte den Schlaf-Wach-Rhythmus unterbricht.
- **Bio-Bettwäsche.** Naturbelassene Baumwolle oder Bambus-Laken und Decken »atmen«, während man bei Polyester-Bettwäsche im eigenen Nachtschweiß badet.
- **Fitnesstraining.** Achten Sie darauf, dass Ihr Fitnessprogramm drei Stunden vor dem Schlafengehen beendet ist.
- **Sorgen Sie für ein entspannendes Umfeld im Schlafzimmer.** Arbeiten Sie nicht im Bett. Auf diese Weise sorgen Sie dafür, dass Sie Ihr Schlafzimmer nur mit Entspannung assoziieren.

Dankbarkeit

Mehrere Untersuchungen und Experimente haben die Beziehung zwischen Dankbarkeit und Wohlbefinden unter die Lupe genommen. Manche Teilnehmer hielten in einem Tagebuch alles fest, wofür sie dankbar waren, während die anderen die Schwierigkeiten und Konflikte des Tages notierten. Die Gruppe mit dem Dankbarkeits-Tagebuch zeigte ein auffallend höheres Maß an Wohlbefinden, und zwar in sämtlichen Studien, einschließlich einer Untersuchung, deren Fokus auf Veteranen lag, die Eigenschaften von posttraumatischem Stress zeigten (Kashdan, Uswatte und Julian 2006).
Basierend auf diesem Forschungsergebnis empfiehlt es sich, jeden Tag dankbar zu sein für das, was Sie haben oder erleben. Ein Dankbarkeits-Tagebuch anzulegen (entweder in Buchform oder auf dem Computer) dient als Erinnerung daran, das Glas als halb voll anstatt halb leer wahrzunehmen.

Spiritualität, Religion und Gebet

Umfangreiche Studien haben bestätigt, dass eine spirituelle oder religiöse Ausrichtung unser Wohlbefinden verbessert. Was nicht bedeutet, dass Sie religiös oder spirituell sein müssen, um glücklich zu sein – es bedeutet nur, dass Menschen, die ein Glaubenssystem verinnerlicht haben, im Durchschnitt tatsächlich glücklicher sind.
Mehrere Studien kamen zu dem Schluss, dass Menschen umso weniger zu Drogenmissbrauch neigen, je mehr sie ihre Spiritualität oder Religion ausüben.
Eine spirituelle oder religiöse Praxis mindert die Schwere von posttraumatischen Symptomen, wie Forschungen gezeigt haben. Eine groß angelegte Untersuchung, durchgeführt mit 532 US-Veteranen in einem PTBS-Behandlungsprogramm, kam

zu dem Ergebnis: »Insbesondere Veteranen, die von Anfang an einen hohen Grad spirituell basierter Anpassungsfähigkeit (tägliche spirituelle Erfahrungen, Vergebung, spirituelle Übungen, ein positives religiöses Bewältigungsverhalten und organisierte Religiosität) besaßen, schnitten in diesem Programm auffallend besser ab« (Currier, Holland und Drescher 2015).

Positives religiöses Bewältigungsverhalten bedeutet, dass Sie aufgrund Ihrer Glaubenssätze der Überzeugung sind, dass das Trauma eine existenzielle Bedeutung hat und daher kein willkürliches Ereignis ist. Personen mit einem positiven religiösen Bewältigungsverhalten sind eher bereit, Unterstützung und Hilfe in ihrer spirituellen oder religiösen Gemeinschaft zu suchen.

Im Gegensatz dazu sind diverse Studien zu dem Schluss gelangt, dass Menschen, die an einen strafenden Gott glauben, stärker dazu neigen, posttraumatische Symptome zu entwickeln. Personen, die glaubten, dass Gott das Trauma verursacht oder zugelassen hat, zeigten mehr posttraumatische Symptome. Dies ist ihrem mangelnden Gefühl von Kontrolle hinsichtlich zukünftiger Krisen zuzuschreiben, weil sie glauben, dass Ereignisse je nach Laune Gottes passieren, der sie jederzeit bestrafen kann.

Bei Menschen jedoch, die an einen mitfühlenden Gott glauben, verweisen die Forscher auf die »positive Wirkung« von Spiritualität und Religion, da diese Faktoren die Gläubigen vor Depression, Drogenmissbrauch und anderen posttraumatischen Symptomen zu bewahren scheinen.

Atembasierte Meditation

Die meisten von uns sind vertraut mit dem generellen Konzept der Meditation, da Zeitschriften, Magazine und Bücher seit Jahrzehnten immer wieder darüber berichten. Wie der Begriff

Yoga kann auch das Wort *Meditation* einschüchternd wirken, so als sei es nur etwas für Menschen, die eine alternative Lebensweise führen. Meditation mag zunächst wie ein substanzloser Humbug wirken, bis Sie die wissenschaftlichen Beiträge lesen, die die heilende Wirkung der Meditation bestätigen.
Viele Studien sind mit Kriegsveteranen durchgeführt worden, die posttraumatische Symptome aufwiesen. Indem sie die Auswirkungen von Meditationskursen auf Veteranen ausgewertet haben, konnten Forscher zeigen, dass »atembasierte Meditationsmethoden« zu einer bemerkenswerten Reduktion von Hypervigilanz und Angst bei Menschen führen, die ein Trauma erlitten haben.
Die Zwerchfellatmung (auch bekannt als »Bauchatmung«) ist eine bewusste Art, tief und rhythmisch zu atmen. Sie atmen einmal voll ein, damit sich Ihr Brustkorb und Bauch ausdehnen. Legen Sie die Hand auf Ihren Bauch, um zu spüren, dass Sie tatsächlich durch den Bauch und nicht flach atmen. Bei der Bauchatmung gelangt eine größere Menge Sauerstoff in Ihre Lungen.
Studien zum Thema Bauchatmung zeigen vielversprechende Resultate mit diesen nachgewiesenen Vorteilen:

- Mehr Sauerstoff in den Zellen
- Weniger Kohlendioxid und andere Abfallprodukte
- Aktivierung des parasympathischen Nervensystems (beruhigend)
- Verminderte Angstgefühle
- Größeres Selbstvertrauen
- Niedrigere Herzfrequenz und Blutdruck

Je öfter Sie die Bauchatmung praktizieren, desto mehr kommen Ihnen die beruhigenden Vorteile zugute. Die Bauchatmung ist eine Methode, die Sie überall durchführen können, auch während stressiger Situationen im Job.
Die sogenannte *Achtsamkeitsmeditation* scheint bei der Minderung posttraumatischer Symptome ebenfalls Wirkung zu zeigen. Eine Untersuchung der Harvard University stellte fest, dass die Achtsamkeitsmeditation die Aktivierung und den Umfang der grauen Zellen in der Amygdala (Mandelkern) reduzierte, einer Region im Gehirn, die für die Verarbeitung von Angst zuständig ist (Hölzel et al. 2010).
Nach Ansicht der Forscher kann Meditation das Gehirn heilen und positive physiologische Veränderungen sowohl in der Gehirnstruktur, bei den Verarbeitungsabläufen und in der Gehirnchemie auslösen.

Andere Möglichkeiten zur Beruhigung

Natürlich gibt es viele andere Möglichkeiten, Geist und Körper zu beruhigen, zum Beispiel künstlerische Betätigungen, oder Zeit in der Natur zu verbringen. Sie selbst können am besten beurteilen, was Sie beruhigt und besänftigt, indem Sie Ihrer inneren Führung folgen.
Yoga, eine beruhigende Form des Körpertrainings, ist das Thema unseres nächsten Kapitels.

Kapitel 9

Sanftes und erholsames Yoga

Es gibt zwei Verhaltenskategorien nach einem Trauma: *ausweichende Stressbewältigung* und *aktive Stressbewältigung*.
Wie ich bereits an früherer Stelle kurz erwähnt habe, bedeutet ausweichende Stressbewältigung, dass Sie schmerzhafte Erinnerungen vermeiden, indem Sie die Wirkung, die das Ereignis auf Sie hatte, durch emotionale Betäubung oder Erstarren minimalisieren; oder indem Sie die Isolation wählen und sich von anderen Menschen distanzieren.
Im Gegensatz dazu bedeutet aktive Stressbewältigung, dass Sie sich direkt mit der Heilung des Traumas sowie mit Ihren Gefühlen gegenüber sich selbst und Ihrem Leben beschäftigen. Das schließt in der Regel eine Trauma-fokussierte Sprachtherapie (Psychotherapie) mit einem qualifizierten Therapeuten ein, der weiß, wie man mit posttraumatischen Symptomen umgeht. Falls Sie eine Auswahl an Therapeuten haben, entscheiden Sie sich für jemanden, der auf Trauma-Heilung spezialisiert ist. (In Kapitel 10 werden wir therapeutische Möglichkeiten ausführlicher besprechen.)
Studien zeigen außerdem, dass *aktives* Verhalten in Form von Körpertraining bei der Heilung der Symptome hilfreich ist. Körperliches Training wirkt befreiend und kann Selbstvertrauen aufbauen. Achten Sie jedoch darauf, dass das von Ihnen

gewählte Trainingsprogramm nicht zu stressig ist, da dies Ihren Cortisol-, Adrenalin- und Histamin-Spiegel erhöhen würde.

- **Aktiv-kognitive Bewältigungsstrategie:** Meditieren oder Ihre Denkweise in Bezug auf das Leben positiv verändern
- **Bewältigungsstrategie durch aktives Verhalten:** durch Aktivitäten, unter anderem Yoga, mit emotionalem Schmerz umgehen

Sanftes und erholsames Yoga bietet Trauma-Betroffenen eine wundervolle Möglichkeit zur Heilung. Yoga ist das am häufigsten empfohlene Trainingsprogramm, um posttraumatische Symptome zu heilen und Stresshormone sowie den Stress selbst zu reduzieren.

Falls der Gedanke an Yoga-Kurse in Ihnen die Vorstellung aufkommen lässt, in einem Raum voller dünner, gelenkiger Menschen in ihren Zwanzigern zu stehen … nun, dafür gibt es einen Grund. Wie Sie in diesem Kapitel lesen werden, ist Yoga eine fantastische Methode, um abzunehmen und jung und voller Energie zu bleiben.

Doch Untersuchungen zeigen, dass Sie sich nicht mit frenetischen Sonnengebeten und hektisch absolvierten Krieger-Posen überanstrengen müssen, um die Vorteile von Yoga genießen zu können. Wie Sie lesen werden, hat sich *sanftes*, *erholsames* Yoga tatsächlich als segensreich bei der Heilung von Geist und Körper erwiesen.

Darüber hinaus gibt es viele Beweise, dass stressiges Training – einschließlich bestimmter Formen von Yoga – eher kontraproduktiv ist. Diese Art von Training ist wetteifernd oder bringt Ängste hoch und regt die Nebennieren an, das Stresshormon Cortisol zu produzieren. Dies wiederum veranlasst den Kör-

per, Nahrung als Fett zu speichern, vor allem in der Bauchgegend. Stress lässt Geist und Körper denken, dass Sie in Gefahr sind und eine Zeit des Hungers bevorsteht. Aus diesem Grund hält er aus Selbstschutz an jeder Kalorie fest.
Dieser Teil des Puzzles war eine revolutionäre Entdeckung für mich. Ich hatte seit Langem täglich trainiert, und es war mir ein völliges Rätsel, warum ich nicht abnahm. Nun, der Grund lag darin, dass mein Trainingsprogramm zu stressig war und die Cortisol-Produktion anregte.
Sanftes Training ist tatsächlich die bessere Methode, um abzunehmen, da wenig oder kein Cortisol produziert wird. Also spart Ihr Körper mehr »Treibstoff«, indem er die Nahrung, die Sie konsumieren, verarbeitet und nicht als Fett speichert.
Vor einiger Zeit habe ich in einem Frauenmagazin einen Bericht gelesen mit der Überschrift »Benutzen Sie Make-up, um so zu strahlen wie nach einer Stunde Yoga«. Ich musste lachen, weil der Artikel den Sinn von Yoga komplett missverstand. Der Grund, warum Yoga ein natürliches und nicht künstlich herbeigeführtes Strahlen schenkt, liegt darin, dass diese jahrtausendealte Form des Dehnens die Zirkulation von Sauerstoff und Blut im Körper anregt.
Neben den ästhetischen Vorteilen, die Yoga bietet, besitzt es die wunderbare Fähigkeit, die Wirkungen von Stress und Trauma zu heilen.

Stressbewältigung und Trauma

Eine beeindruckende Studie aus dem Jahr 2011 beobachtete 30 College-Studentinnen, die zwölf Wochen lang jeden Tag 35 Minuten Yoga machten. Diese Studentinnen wurden in Bezug auf Alter, Größe und Gewicht mit einer »Kontrollgruppe« von Studentinnen verglichen, die nicht am Yogaunterricht teilnahmen.

Als die Zeit der Abschlussprüfung kam, wurde zum Vergleich sowohl bei der Yogagruppe als auch bei der Kontrollgruppe, die kein Yoga machte, das jeweilige Stressniveau gemessen. Herzfrequenz, Blutdruck, Atemfrequenz, Intensität der Aufregung und Cortisolspiegel wurden geprüft als Maßstab, wie die Studentinnen den Prüfungsstress bewältigten.
Die Ergebnisse waren beeindruckend: Beide Gruppen hatten zu Beginn der Studie vergleichbare Cortisolspiegel. Doch nach drei Monaten täglichen Yogas waren die Cortisolspiegel dieser Gruppe während der Prüfungszeit auffallend niedriger als die der Kontrollgruppe. Zudem zeigte die Yoga-Gruppe auffallend niedrigere Herz- und Atemfrequenzen, niedrigeren Blutdruck und weniger Angst, verglichen mit der Kontrollgruppe (Gopal et al. 2011).
Untersuchungen wie diese weisen auf die Möglichkeit hin, dass Yoga uns lehrt, anders mit Stress umzugehen.

Yoga reduziert die Symptome des prämenstruellen Syndroms

Eine Untersuchung mit Frauen, die unter PMS (prämenstruelles Syndrom) litten, wurden in zwei Gruppen unterteilt: Eine Gruppe machte täglich 45 Minuten Yoga, die andere Gruppe nicht. Nach drei Monaten Yoga hatten sich die PMS-Symptome deutlich verringert (Kanojia et al. 2013).
Die Yoga-Gruppe zeigte einen auffallenden Rückgang bei prämenstrueller Gereiztheit, Depression und Angst. Außerdem fühlten sich die Teilnehmerinnen insgesamt besser, was direkt ihrer neuen Yoga-Praxis zuzuschreiben war.
Yoga ist eine der am häufigsten empfohlenen Methoden zur Heilung von posttraumatischen Symptomen. Sie werden bemerkt haben, dass in dieser Studie und in jener mit den College-Studentinnen (sowie in vielen anderen Yoga-Studien)

die großartigen Resultate durch weniger als eine Stunde Yoga täglich erzielt wurden: Die beiden erwähnten Studien basierten auf 35 bis 40 Minuten Yoga täglich! Die segensreichen Vorteile von Yoga kommen Ihnen bereits bei 35 Minuten täglicher Praxis zugute, vorausgesetzt, Sie praktizieren regelmäßig.

> Yoga ist eine der am häufigsten empfohlenen Methoden zur Heilung von posttraumatischen Symptomen. Die segensreichen Vorteile von Yoga kommen Ihnen bereits bei 35 Minuten täglicher Praxis zugute, vorausgesetzt, Sie praktizieren regelmäßig.

Yoga heilt die Auswirkungen von Trauma

Das Erstarren ist eine natürliche Reaktion auf gefährliche Situationen, die uns die Möglichkeit gibt einzuschätzen, ob wir kämpfen oder weglaufen sollen. Wenn wir uns jedoch total gefangen fühlen, ohne die Möglichkeit zur Flucht, macht unser Körper dicht, und wir fallen in einen Zustand temporärer Lähmung. Stresshormone wie Adrenalin und Cortisol überfluten Körper und Gehirn, während wir uns darauf vorbereiten, aktiv zu werden.

Normalerweise folgt dem Erstarren ein unkontrollierbares Schütteln des Körpers als Versuch, Stresshormone auszuleiten. Manche Menschen jedoch verbleiben in diesem eingefrorenen Zustand, was bedeutet, dass die Stresshormone und das Entsetzen des Traumas beibehalten werden.

Das Erstarren kann noch lange nach der Beendigung der traumatischen Situation weiterbestehen. Die Muskeln der trau-

matisierten Person sind dann steif und angespannt, was zu Schmerzen und Erkrankung führen kann.
Die Reaktion des Erstarrens hält an den Emotionen des traumatischen Moments fest und muss auf friedliche Weise losgelassen werden, in der Regel durch Entspannung, zum Beispiel in Form von Körperübungen, wie Yoga sie bietet. Menschen, die an ihrer Angst festhalten, können den Kontakt mit ihren physischen Empfindungen verlieren und fühlen sich, als wären sie ständig in einem dissoziativen Zustand außerhalb ihres Körpers. Zudem entwickeln sie häufig einen sogenannten »flat affect«, was bedeutet, dass sie weder positive noch negative Gefühle empfinden oder zeigen. Darüber hinaus können ihre Muskeln und ihr ganzer Körper steif und verkrampft sein, inklusive Darmverstopfung.
Untersuchungen zeigen, dass Yoga gespeichertes Trauma heilt, weil es …

- … Ihren Fokus zurück auf Ihren Körper richtet.
- … Sie auf eine friedliche, angenehme Weise in Ihrer Mitte ankommen lässt.
- … Ihnen das Gefühl zurückgibt, dass Sie gefahrlos Ihre Aufmerksamkeit wieder Ihrem Körper zuwenden und sich der physischen Empfindungen im Hier und Jetzt bewusst werden können.
- … das Gefühl von Entrücktheit und Dissoziation mindert.
- … Hypervigilanz reduziert und Ihnen erlaubt, sich sicher zu fühlen.

Eine der Möglichkeiten zu erkennen, ob Trauma Ihren Körper verändert hat, ist die sogenannte *Herzfrequenzvariabilität*

(HFV). Bei Personen, die von einem Trauma heimgesucht wurden, ist das Erregungssystem des Gehirns auf verstärkte Wachsamkeit eingestellt. Sie sind in einem Zustand ständiger Alarmbereitschaft in dem Versuch, Gefahren zu kontrollieren oder zu vermeiden.

Menschen, die kein Trauma erlebt haben, zeichnen sich durch eine starke Herzfrequenzvariabilität aus, bei der ihr Nervensystem sich entsprechend ausruht. Mit kleinen Stressfaktoren können sie gut umgehen.

Im Gegensatz dazu haben traumatisierte Personen eine geringere Herzfrequenzvariabilität, was bedeutet, dass sie auf geringfügige Stressoren »überreagieren«, so als befänden sie sich in einer Krise. Auch wenn das Trauma in der Vergangenheit stattgefunden hat, behandelt ihr Gehirn neue Stimuli so, als wären es neue Traumata.

Prof. Dr. Bessel van der Kolk, der Begründer und medizinische Direktor des *Trauma Center at Justice Resource Institute*, entdeckte, dass Yoga unsere HFV korrigiert. Das bedeutet, dass uns die »kleinen Probleme« des Lebens nicht so schnell aufregen. Yoga vernetzt das Gehirn buchstäblich neu, um dafür zu sorgen, dass wir ruhiger und entspannter bleiben. Da eine geringe HFV aufgrund von Trauma mit der Entwicklung ernsthafter Erkrankungen einhergehen kann, ist diese Forschung im Hinblick auf die Möglichkeit von Yoga, die normale Herzfrequenzstabilität wiederherzustellen, von großer Bedeutung.

Yoga hilft dem Hypothalamus von Trauma-Betroffenen, seine Fähigkeit wiederzuerlangen, auf gesunde Weise mit Stress umzugehen, anstatt zu überreagieren, so als wäre alles eine gefährliche Notsituation. Außerdem ist es wissenschaftlich bewiesen, dass das parasympathische Nervensystem (das eine wichtige Rolle bei der Entspannung und Ruhe spielt) durch Yoga gestärkt wird.

Darüber hinaus reduziert Yoga die Ausschüttung des Stresshormons Cortisol, verringert Ängste und beruhigt die Herzfrequenz. Eine Begutachtung wissenschaftlicher Untersuchungen stellte fest: »Yoga-Übungen hemmen die Bereiche (im Gehirn), die für Angst, Aggressivität und Wut verantwortlich sind, und stimulieren die Belohnungszentren im mittleren Vorderhirn und in anderen Bereichen, was zu einem Gefühl von Glück und Freude führt« (Woodyard 2011).

Abnehmen und Yoga

Yoga eignet sich wunderbar, um abzunehmen! Eine vor Kurzem durchgeführte Zusammenfassung von Untersuchungen über die Verbindung zwischen Yoga und Gewichtsverlust kam zu dem Ergebnis, dass Yoga eine »erfolgreiche Maßnahme für die Gewichtsregulierung und zur Verhinderung von Adipositas sowie zur Risikominderung bei Krankheiten (darstellt), bei denen Fettleibigkeit eine wichtige ursächliche Rolle spielt« (Rioux und Ritenbaugh 2013).

Eine in Seattle durchgeführte Untersuchung von 5500 Erwachsenen im Alter zwischen 53 und 57 Jahren kam zu dem Schluss, dass bei den Teilnehmern mit ursprünglich normalem Gewicht diejenigen, die seit vier Jahren Yoga praktizieren, auffallend weniger an Gewicht zunahmen als jene, die kein Yoga machten (4,3 Kilo im Vergleich zu 5,7 Kilo). Und damit nicht genug: Übergewichtige Teilnehmer in der Yoga-Gruppe *verloren* im Durchschnitt ca. 1 Kilo, während die Übergewichtigen in der Gruppe ohne Yoga durchschnittlich 8,4 Kilo *zunahmen* (Kristal et al. 2005).

Es überrascht nicht, aus wissenschaftlichen Quellen zu hören, dass Sie umso mehr überflüssige Pfunde verlieren, je öfter Sie Yoga praktizieren, egal ob in der Gruppe mit anderen zusammen, oder allein zu Hause.

Wie man durch Yoga abnimmt

- Yoga entlastet von Stress. Das verringert die Wahrscheinlichkeit, zu viel zu essen, um Stress loszuwerden.
- Yoga senkt den Cortisol-Spiegel im Blut, was eine Reduzierung des in der Bauchgegend gespeicherten Fettes zur Folge haben kann.
- Menschen, die regelmäßig Yoga praktizieren, sind entspannter. Yoga hilft tatsächlich, ihr Gehirn neu zu vernetzen, um Stress zu vermeiden.
- Yoga verbessert die Schlafqualität.
- Yoga macht Sie achtsamer hinsichtlich Ihrer Ernährung, was zur Folge hat, dass Sie Ihre Essensportionen kontrollieren und Nahrungsmittel wählen, die Ihrer Gesundheit dienen.
- Yoga verbessert die Insulin-Sensitivität, was dem Körper signalisiert, Nahrung als Energie zu verwerten, anstatt sie als Fett zu speichern.

Yoga verringert Rückenschmerzen

Wissenschaftliche Untersuchungen kamen zu dem Ergebnis, dass Yoga darüber hinaus Rückenschmerzen verringert, die Beweglichkeit verbessert und den Blutdruck senken kann. Dr. James Raub, Wissenschaftler beim *National Center for Environmental Assessment*, hat die gesundheitlichen Vorteile von Yoga erforscht und geschrieben:

> *»Es besteht die Notwendigkeit, dass Yoga im Bereich der Gesundheitsfürsorge besser verstanden und angewandt wird, zusätzlich zur konventionellen medizinischen Ver-*

sorgung. Im Laufe der letzten zehn Jahre hat eine wachsende Anzahl von Forschungsuntersuchungen gezeigt, dass Hatha Yoga Kraft und Beweglichkeit verbessern und helfen kann, physiologische Variablen wie zum Beispiel Blutdruck, Atmungs- und Herzfrequenz sowie die Stoffwechselrate zu kontrollieren, um die generelle Trainingskapazität zu verbessern.« (Raub 2002)

Eine Studie aus dem Jahre 2011 mit 313 Erwachsenen, die unter chronischen oder wiederkehrenden Schmerzen im Lendenwirbelbereich litten, kam zu dem Schluss, dass über drei Monate einmal wöchentlich praktizierte Yogastunden zu einem besseren Resultat führten als die traditionelle medizinische Behandlung (Tilbrook et al. 2011).
Eine sechsmonatige Studie mit 135 Senioren im Alter zwischen 65 und 85 Jahren verglich die Untersuchungsergebnisse der Teilnehmer, die Yoga praktizierten, mit jenen, die kein Körpertraining machten, und solchen, die auf konventionelle Weise trainierten (Gehen, Joggen und Ähnliches). Die Studie kam zu dem Schluss: »Die Teilnehmer der Yogagruppe zeigten eine auffallende Verbesserung ihrer Lebensqualität und physischen Messergebnisse, verglichen mit der Gruppe, die konventionell trainierte sowie der Kontrollgruppe, die nicht trainierte« (Oken et al. 2ßß6).

Lichtes Yin- und Yang-Yoga

Um Ihr inneres Strahlen wiederzufinden, sollten Sie bei allem stets den strahlendsten, hellsten Weg wählen, auch beim Yoga.
Nicht alle Yogakurse sind gleich. Manche sind ausgesprochen auf Yang (männliche Energie) ausgerichtet, weil ihr Fokus darauf liegt, starke Muskeln zu entwickeln, die Herzfrequenz zu

erhöhen und sich schneller zu bewegen. Diese Kurse zeichnen sich in der Regel durch viele Krieger-*Asanas* (Posen) aus, die extrem Yang sind.

Wenn Sie einen stressigen Lebensstil haben, sind Sie bereits übervoll mit Yang-Energie – vor allem *dunklem* Yang, mit seiner Betonung auf Wettbewerb, Konkurrenz und Gewinnen; das Letzte, was Sie brauchen, ist, noch mehr davon in Ihr Leben zu holen, indem Sie eine Yogaklasse wählen, deren Fokus darauf liegt, sich mit den anderen Kursteilnehmern zu vergleichen oder in einen Wettstreit mit ihnen zu treten.

Andere Yogaarten sind mehr Yin (weibliche Energie), mit einem Fokus auf Stretching, Erholung, Atmung, Zentrierung, Harmonie und inneren Frieden. Bei diesen Kursen gibt es in der Regel mehr Übungen im Liegen als im Stehen. Der Lehrer bzw. die Lehrerin spricht in der Regel mit einer weichen, meditativen Stimme, während im Hintergrund sanfte Musik läuft. Währen Sie im Liegen bestimmte Posen einnehmen, werden Sie gebeten, Ihre Augen geschlossen zu halten und sich auf Ihr innere Wahrnehmung zu konzentrieren.

Dunkle Yin-Energie in Yogaklassen breitet sich aus, wenn Sie eifersüchtig sind auf andere Teilnehmer, sich wegen Ihres Körpers oder Ihrer Fähigkeiten schämen oder sich Sorgen machen, dass der Yogalehrer Sie mit einer Korrektur vor der ganzen Klasse lächerlich machen könnte.

Wenn Sie sich gestresst fühlen, meiden Sie lieber überfüllte Yoga-Klassen. Untersuchungen zeigen, dass das Gefühl, sich eingeengt zu fühlen, aggressive und rivalisierende Tendenzen an die Oberfläche bringt – definitiv dunkle Yang-Energien.

Wählen Sie stattdessen Yoga-Klassen, die helle Yin- und Yang-Energien bieten, denn sie basieren auf Liebe anstatt auf Angst.

Yogaklassen mit dunklen Yin- und Yang-Eigenschaften	**Yogaklassen mit hellen Yin- und Yang-Eigenschaften**
Überfüllt, gedrängt	Geräumig
Wettbewerbsdenken	Hilfsbereitschaft
Laute Musik und Anleitung	Sanfte Musik und Anleitung
Schnelles Tempo	Fließendes Tempo
Angestrengtes Gefühl	Gutes Gefühl
Schmerzende Muskeln	Belebte Muskeln
Nach der Klasse gereizt	Nach der Klasse friedvoll
Mangelndes Gemeinschaftsgefühl mit den anderen Teilnehmern	Gemeinschaftsgefühl mit den anderen Teilnehmern

In einer Yogaklasse mit heller Yin- und Yang-Energie fühlen Sie sich geborgen, gestärkt und unterstützt. Wenn der Lehrer Sie durch die einzelnen Übungen führt, ist es Ihnen eine Freude, seiner Führung zu folgen (anstatt sich zu schämen, wie es in den Yogaklassen mit dunkler Yin- und Yang-Energie häufig der Fall ist).

Auch wenn die hellen Yogaklassen in der Regel als »erholsam«, »Yin« oder »sanft« bezeichnet werden, sollten Sie sich vorher erkundigen, ob der jeweilige Lehrer auch wirklich auf sanfte Weise unterrichtet.

Manche Yogaklassen, die als »sanft« oder »erholsam« beschrieben werden, haben in Wahrheit eine sehr dunkle Yin- oder Yang-Energie. Das ist in der Regel der Fall, wenn Yogalehrer daran gewöhnt sind, Yoga für Fortgeschrittene zu lehren. Also informieren Sie sich rechtzeitig über den Lehrer.

Sanftes Yoga

Yogaklassen, die als »erholsam« bezeichnet werden, sind in der Regel durch ein sanftes Gefühl von »hellem Yin« geprägt. Viele der Stellungen werden im Liegen durchgeführt, häufig mithilfe von Polstern, Decken, Blöcken, Riemen und Wänden, um Ihre Muskeln auf eine angenehme Weise zu dehnen. Die Stellungen werden jedes Mal bis zu 15 Minuten gehalten, was den Muskeln erlaubt, sich tief zu entspannen.

Sanfte Yogaklassen berücksichtigen die physischen Unterschiede der Teilnehmer, und das Gefühl von Konkurrenz, Wettbewerb oder Perfektionismus, das Sie in manchen Yogaklassen finden, fehlt völlig. Diese sanften Yogakurse ziehen in der Regel keine fortgeschrittenen Schüler an, daher besteht weniger die Gefahr, sich unvorteilhaft mit anderen zu vergleichen. Der Lehrer einer meiner liebsten Klassen benutzt tibetische Klangschalen, um während des Unterrichts beruhigende Laute erklingen zu lassen. Die Energie des erholsamen, sanften Yoga ist durchweg meditativ.

Solche Klassen haben ein langsameres Tempo, bieten aber dennoch Vorteile. Zudem ist sanftes Yoga eine wunderbare Möglichkeit, um Gewicht zu verlieren!

In einer vor Kurzem durchgeführten Untersuchung wurde eine Gruppe von älteren, übergewichtigen Frauen (durchschnittliches Alter 55) in zwei Untergruppen geteilt: die eine praktizierte sanftes Yoga, und die andere machte Dehnungsübungen ohne eine Yoga-Komponente. Nach 48 Wochen hatte die Yoga-Gruppe 34 Quadratzentimeter subkutanes Fett verloren, die Stretching-Gruppe hingegen nur 6,6 Quadratzentimeter. Außerdem hatte die Yoga-Gruppe auffallend mehr Gewicht verloren, verglichen mit der Stretching-Gruppe. Die Forscher folgerten daraus, dass der Unterschied auf die reduzierte Produktion von Cortisol in der Yoga-Gruppe zurückzu-

führen war (Araneta et al. 2013). Wie Sie sich erinnern, spielt Cortisol eine Rolle bei der Speicherung von Bauchfett und verstärktem Hungergefühl.
Yoga-Lehrer behaupten oft, dass starke Emotionen in der Hüfte gespeichert werden und dass Yogastellungen, die die Hüften öffnen – wie zum Beispiel die »Taube« oder das Dehnen der gespreizten Beine – gespeicherte Emotionen freisetzen. In sanften Yogaklassen, in denen Sie hüftöffnende Stellungen über mehrere Minuten halten, können Sie wertvolle Einsichten erlangen, die Ihnen die Möglichkeit geben, sich mit Ihrer Vergangenheit zu versöhnen.

Yoga zu Hause

Seien wir mal ehrlich: Es kostet Zeit, ins Yoga-Studio zu fahren, eine anderthalbstündige Yogaklasse zu absolvieren und dann wieder nach Hause zu fahren. Und wenn es sich um ein stark frequentiertes Studio handelt, müssen Sie lange vorher da sein, um einen guten Platz für Ihre Matte zu finden! Das Ganze dauert dann insgesamt locker zwei bis drei Stunden.
Als Alternative können Sie Yoga auch zu Hause praktizieren, oder zusammen mit einer Freundin, die in der Nähe wohnt. Wenn Sie es sich leisten können, rufen Sie irgendein Yogastudio an und mieten einen persönlichen Trainer. Das wird Sie in der Regel zwischen 50 und 100 Euro pro Hausbesuch kosten. Das hört sich teuer an, verglichen mit durchschnittlich 10–15 Euro für eine Stunde im Studio. Wenn Sie jedoch wegen Zeitnot nicht ins Studio gehen können, aber jemanden brauchen, der Ihnen zeigt, wie's geht, spielt der Preis keine Rolle.
Falls Sie Freunde haben, die auch Yoga machen wollen, können Sie die Kosten mit ihnen teilen … und erleben darüber hinaus eine vergnügliche und gesunde Erfahrung!

Ein Yogalehrer, der zu Ihnen nach Hause kommt, kann Sie durch die einzelnen Stellungen führen und darauf achten, dass Sie sie richtig ausführen. Sie erhalten tatsächlich viel mehr Aufmerksamkeit als in einer überfüllten Yogaklasse; zudem verlieren Sie die Angst, sich vor den anderen Teilnehmern zu blamieren. Und wenn Ihr Körper erst einmal die Erinnerung daran gespeichert hat, wie Sie die grundlegenden Yogaübungen richtig durchführen können, sind Sie vielleicht auch in der Lage, Yoga allein zu praktizieren.

Auf YouTube finden Sie jede Menge wundervolle, kostenlose Yoga-Videos, und viele davon werden als »sanft«, »Yin« und »erholsam« bezeichnet. Die Trainer werden Ihnen Tipps geben, wie Sie jede Stellung sicher durchführen können.

* * *

Untersuchungen zeigen (was Sie wahrscheinlich bereits aus eigener Erfahrung wissen), dass Ihre Muskeln sich verspannen, wenn Sie gestresst sind. Daher ist Yoga eine wunderbare, aktive Bewältigungsstrategie, bei der Sie Ihre Muskeln dehnen, die Auswirkungen von Trauma heilen und Stress loslassen können.

Eine weitere Form aktiver Bewältigung besteht darin, sich von außen Hilfe zu holen, wie wir im nächsten Kapitel erfahren werden.

Kapitel 10

Lassen Sie sich helfen

Wenn Sie Ihre Lebensweise ändern, ist die Unterstützung anderer sehr hilfreich und empfehlenswert. Wichtige Veränderungen vorzunehmen bringt starke Emotionen an die Oberfläche, innere Kämpfe mit Ihrem Ego, und man neigt dazu, alle Ratschläge von außen abzulehnen. In diesem Kapitel werden wir uns die Hilfsmöglichkeiten anschauen, die von der wissenschaftlichen Forschung unterstützt werden.

Hunderte von Studien sind mit Personen durchgeführt worden, die unter posttraumatischen Stresssymptomen leiden, um festzustellen, welche Methoden ihnen am besten helfen. Forscher sagen übereinstimmend, dass die kognitive Verhaltenstherapie sowie EMDR (*eye movement desensitization and reprocessing*, auf Deutsch: Desensibilisierung und Verarbeitung durch Augenbewegung) die optimalen klinischen Verfahren zur Heilung von Trauma-Symptomen sind.

Kognitive Verhaltenstherapie

Hier ist ein Überblick über den Bereich der kognitiven Verhaltenstherapie, dargestellt in einer Zusammenfassung aller Studien und Untersuchungen über Heilungsmethoden posttraumatischer Stresssymptome:

»Kognitiv-verhaltensorientierte Psychotherapie umfasst eine Vielzahl von Herangehensweisen (wie systematische Desensibilisierung, Entspannungstraining, Biofeedback, kognitive Verhaltenstherapie, Training zum Abbau von Stress, Selbstbehauptungstraining, Konfrontationstherapie, Kombination von Stress-Abbautraining und Konfrontationstherapie, Kombination von Konfrontationstherapie, Entspannungstraining und Verhaltenstherapie).« (Iribarren et al. 2005)

Die Überprüfung der Behandlungsmethoden kam zu dem Schluss, dass Trauma-fokussierte kognitive Verhaltenstherapie bei der Behandlung von posttraumatischen Stresssymptomen erfolgreich war, die mit einer Borderline-Persönlichkeitsstörung oder Drogenmissbrauch einhergingen.
Außer der kognitiven Verhaltenstherapie gibt es viele weitere Arten psychotherapeutischer Methoden, doch existieren nicht genügend Studien, die ihre Wirksamkeit im Hinblick auf die Heilung der Auswirkungen von Trauma bestätigen. Einen Therapeuten zu finden, der auf Trauma-Heilung spezialisiert ist, gibt Ihnen die Möglichkeit, mit jemandem zu arbeiten, der Erfahrung auf diesem Gebiet hat und die diversen Facetten der Trauma-Verarbeitung und -Heilung versteht.
Die Forschung zeigt, dass posttraumatische Stresssymptome nachlassen, wenn die kognitive Verhaltenstherapie von einer Konfrontationstherapie begleitet wird. *Konfrontationstherapie* wird der Prozess genannt, bei dem Sie direkt mit Ihren Ängsten konfrontiert werden. In den meisten Fällen wird der Therapeut Sie anleiten, die Szene Ihres Traumas zu visualisieren oder zu »fühlen«. Dies geschieht auf eine sanfte Weise, mit vielen Pausen, damit Sie Ihre Gefühle zusammen mit dem Therapeuten verarbeiten können. Dies ist etwas anderes als eine Katharsis, die, wie der Trauma-Pionier Peter Levine festgestellt

hat, bei der Reduzierung von Trauma-Symptomen unwirksam ist.
Als ich mich vor einiger Zeit einer Konfrontationstherapie unterzog, wurde ich dazu angeleitet, mir vorzustellen, wie sich die traumatische Szene auf einem Fernsehschirm abspielte. Dann löste sich das Bild in einem statischen Rauschen auf, bevor es schließlich ganz von der Bildfläche verschwand. Dieser eine Vorgang reduzierte auffallend die emotionale Wirkung des traumatischen Bildes und erlaubte mir, auf einer noch tieferen Ebene mit der Situation umzugehen und sie mit Ereignissen in der Kindheit in Verbindung zu bringen, die ich unterdrückt hatte. Konfrontationstherapie hört sich drastisch an, und sie ist es auch … aber es lohnt sich!

EMDR

Die *Desensibilisierung und Verarbeitung durch Augenbewegung* (EMDR) wurde 1987 von Francine Shapiro entwickelt. Der Gedanke kam Francine, nachdem sie merkte, dass sie eine emotionale Erleichterung fühlte, wenn ihre Augen sich bei der Erinnerung an unangenehme Situationen bewegten. Francine betrieb Forschungsarbeit im Bereich der Augenbewegungen, um Menschen mit posttraumatischen Symptomen zu helfen.
EMDR steht möglicherweise im Zusammenhang mit den REM-Phasen (*rapid eye movement*), beim Träumen. Während wir träumen, verarbeitet unser Unterbewusstsein die Ereignisse des Tages.
Die Wirksamkeit von EMDR bei der Reduzierung posttraumatischer Symptome ist vielfach erforscht und bestätigt worden. Die meisten Untersuchungen zeigen, dass EMDR Symptome mindert und dauerhaft positive Resultate erzielt.
EMDR ist ein sehr emotionaler Vorgang, der lange verborgene Erinnerungen an Situationen hervorruft, die Sie mit dem

Trauma verbinden. Starke Emotionen werden in einer sicheren und behutsamen Umgebung in Gegenwart eines erfahrenen Therapeuten an die Oberfläche geholt. Wenn die Emotionen erst einmal hochkommen, verlieren sie ihre Macht über Sie. Ich habe EMDR als sehr intensiv empfunden, aber gleichzeitig als extrem heilend und befreiend.

Der EMDR-Prozess beginnt mit einem klinischen Interview bezüglich Ihrer Lebensgeschichte, wobei der Fokus auf Ihren traumatischen Erfahrungen und posttraumatischen Symptomen liegt. Bei weiteren Behandlungen kommen Hilfsmittel wie zum Beispiel Kopfhörer mit pulsierenden Tönen zum Einsatz, die zwischen Ihren Ohren oszillieren, oder abwechselnd pulsierende Geräte, die Sie in der Hand halten. Unter Umständen wird der Therapeut zusätzlich zwei Finger benutzen und Sie bitten, seinen Bewegungen mit den Augen zu folgen.

Es ist wichtig, nur mit Therapeuten zu arbeiten, die im Rahmen einer speziellen Ausbildung gelernt haben, EMDR-Behandlungen durchzuführen. Eine entsprechende Liste finden Sie im Internet unter emdr.com.

Darüber hinaus gibt es auf YouTube kostenlose EMDR-Meditationen, die eine beruhigende Wirkung haben können, deren klinische Wirksamkeit jedoch bislang nicht geprüft wurde.

Selbsthilfegruppen für emotionale und mentale Gesundheit

Für Menschen mit posttraumatischen Symptomen gibt es heute sowohl im Internet als auch in vielen Städten Hilfsgruppen, von denen ein großer Teil umsonst ist oder nur wenig kostet. In dieser Gruppenumgebung werden Sie andere Personen kennenlernen, die belastende Traumata erlebt haben. Es ist eine Erleichterung zu wissen, dass Sie mit Ihren Gefühlen, Verhal-

tensweisen und Symptomen nicht allein sind. Gruppentherapie und Selbsthilfegruppen helfen Ihnen, sich selbst zu akzeptieren, weil Sie sehen können, wie liebenswert andere Menschen sind, die Ihnen in ihrem Verhalten ähneln.
Suchen Sie im Internet nach »PTBS-Hilfsgruppe«, und Sie werden mit Sicherheit fündig. Manche dieser Gruppen sind kostenlos, andere können über die Krankenkasse abgerechnet werden, sofern ein lizensierter Therapeut die Gruppe leitet; und es gibt Selbsthilfegruppen, die Sie aus eigener Tasche bezahlen müssen.
Das Zwölf-Schritte-Programm, das entwickelt wurde, um Alkoholikern zu helfen (Anonyme Alkoholiker), wird auch in Hilfsgruppen für emotionale und familiäre Probleme benutzt, sowohl vor Ort in den meisten großen Städten weltweit als auch online. Geben Sie »Zwölf-Schritte-Programm« in Ihrer Gegend in Ihre Suchmaschine ein und benennen Sie dann die Sucht, die Sie aufgeben wollen.
Zwölf-Schritte-Programme sind kostenlos, es wird jedoch um einen freiwilligen Obolus gebeten. Sie können um die Hilfe einer Vertrauensperson bitten – jemand, der ein Jahr oder mehr an dem Programm teilgenommen hat – den Sie täglich kontaktieren können, während Sie an Ihrem Zwölf-Schritte-Programm (eine Reihe von Verhaltensweisen, die Ihnen helfen, sich von einer Sucht zu befreien) arbeiten.
Jedes Zwölf-Schritte-Treffen hat seinen eigenen Charakter, basierend auf den Menschen, die regelmäßig daran teilnehmen. Probieren Sie mehrere Hilfsgruppen aus, um die zu finden, bei der Sie sich am wohlsten fühlen.

Emotionale Hilfe

Emotions Anonymous ist das Zwölf-Schritte-Programm für emotionale Probleme, einschließlich posttraumatischer Symptome, Phobien und psychologischer Diagnosen. In meiner

Arbeit als Psychotherapeutin hatte ich des Öfteren Klienten, die mit großem Erfolg an diesen Gruppen teilnahmen.

Hilfe in der Familie

Wenn Ihre Familie oder die, in die Sie eingeheiratet haben, Angst, Nervosität oder Schuldgefühle bei Ihnen auslöst, sind die folgenden Zwölf-Schritte-Selbsthilfegruppen hilfreich und heilend:

- **Erwachsene Kinder suchtkranker Eltern** (EKS)**:** Heilende Hilfe, Unterstützung und Schulung für Menschen, die in einer Familie von Alkoholikern aufgewachsen sind.
- **Al-Anon:** Hilfe und Schulung für Menschen, die einen Alkoholiker oder Suchtkranken lieben.
- **Alateen:** Für Kinder und Jugendliche von Alkoholikern.
- **CoDa (Anonyme Co-Abhängige):** Für Menschen, die lernen wollen, was Co-Abhängigkeit bedeutet und wie sie sich davon heilen können.

Hilfe bei der Heilung von Suchtverhalten

Süchte sind ein wesentliches posttraumatisches Symptom, da der oder die Betroffene versucht, Ängste und andere emotionale Schmerzen zu betäuben. Gleichzeitig sind Süchte auch die Ursache von zusätzlichem schmerzhaftem Trauma und Drama. Es gibt gesündere und wirksamere Methoden, mit emotionalem Schmerz umzugehen. Das ist der Grund, warum Zwölf-Schritte-Gruppen zu einem glücklicheren und produktiveren Leben führen können. Es gibt Zwölf-Schritte-Programme für die meisten Süchte. Hier sind Beispiele von Gruppen, die Ihnen helfen können:

- **Anonyme Alkoholiker** – um Unterstützung zu erhalten und Alkohol aufzugeben.
- **Anonyme Schuldner** – um zwanghaftes Geldausgeben zu überwinden.
- **Anonyme Spieler** – um Unterstützung zu bekommen und mit dem Glücksspiel aufzuhören.
- **Narcotics Anonymous** – um von der Sucht nach rezeptpflichtigen und illegalen Drogen zu genesen.
- **Anonyme Sex- und Liebessüchtige** – um den tödlichen Kreislauf von toxischen und süchtig machenden Beziehungen zu beenden.

Hilfe bei Ernährungsumstellungen

Die einzige Sucht, die Sie nicht komplett aufgeben können (oder sollten!), ist Essen. Doch mit Unterstützung einer Gruppe können Sie lernen, eine gesunde Beziehung zum Essen zu entwickeln. Die Gruppe Overeaters Anonymous (*Anonyme Zwangsesser*) bietet kostenlose Treffen an, wobei Spenden dankbar angenommen werden.

Eine Umfrage des amerikanischen Gallup-Institute unter 1000 Zwangsessern sowie eine Untersuchung aus dem Jahre 2001 mit 231 Teilnehmern kamen beide zum gleichen Schluss: Je mehr jemand sich verpflichtete, regelmäßig zu Treffen von Overeaters Anonymous zu gehen, häufig seine/ihre Vertrauensperson zu kontaktieren und dem Ernährungsplan zu folgen (was in der Regel bedeutet, »süchtig machende« Speisen und Getränke zu meiden, die Angst und Zwangsessen auslösen), desto größer war der jeweilige Erfolg.

Sie können Anonyme-Zwangsesser-Treffen in Ihrer Nähe finden, oder durch eine Suche im Internet.

Ich habe sowohl persönlich als auch im Rahmen meiner Arbeit an Selbsthilfegruppen teilgenommen und kann bestätigen, dass sie tatsächlich einzigartige Hilfe und Unterstützung bieten. In diesen Gruppen treffen Sie ähnlich denkende, mitfühlende Menschen, die Ihnen Verständnis entgegenbringen und Ihnen wirklich helfen wollen, dass es Ihnen besser geht. Nachdem Sie eine bestimmte Zeit regelmäßig an den Treffen teilgenommen haben, können Sie selbst eine Vertrauensperson werden, um Neuankömmlingen zu helfen. Das wird »Kameradschaft« genannt, und es bietet große Vorteile, sich gegenseitig in einer Gruppe zu unterstützen.
In Teil III werden wir besprechen, wie Sie diese Art der Kameradschaft, Verbundenheit und gegenseitigen Unterstützung in all Ihren Beziehungen kultivieren können … um diese Beziehungen erstrahlen zu lassen!

TEIL III

Strahlender Umgang mit anderen Menschen

Einführung zu Teil III

Kontakt mit anderen Menschen

Ihre Beziehungen mit anderen Menschen können sich positiv auf Ihre Lebensfreude, Ihre Gesundheit, Ihre posttraumatischen Symptome und nicht zuletzt Ihr inneres Strahlen auswirken. Während man gerne mal darüber fantasiert, völlig allein und ungestört zu sein, haben wir in Wahrheit ein Bedürfnis nach menschlicher Gesellschaft. In Teil III werden wir uns näher anschauen, wie gesunde Beziehungen aussehen und wie wir sie finden können.

Wenn es Ihnen ein Bedürfnis ist, neue Freunde zu finden, werden Sie sich vielleicht folgende Gedanken machen:

- Sich fragen, *wo* Sie Freundschaft finden können
- Mit dem Gefühl der Minderwertigkeit kämpfen, und sich Sorgen machen, ob andere sich überhaupt mit Ihnen anfreunden wollen
- Sich Gedanken darüber machen, gute Freunde zu finden, die ehrlich und vertrauenswürdig sind

Falls Sie in der Vergangenheit problematische Beziehungen mit anderen Menschen hatten, scheuen Sie vielleicht davor zurück, einen neuen Versuch zu wagen. Was wahrscheinlich daran liegt, dass Ihre vorherigen Beziehungen dysfunktionale Elemente hatten und daher mehr schmerzhaft als angenehm waren. Traumatisiert worden zu sein, insbesondere in der Kindheit, macht es schwierig, anderen zu vertrauen.

Mit einer traumatischen Vergangenheit und anschließenden Sucht nach Stress und Drama ist es problematisch, die richtigen Freunde und Partner zu wählen. Höchstwahrscheinlich haben Sie sich von Menschen angezogen gefühlt, deren Leben ein einziges Drama war. Oder ein Trauma hat ein Gefühl der Unwürdigkeit ausgelöst, woraufhin Sie gar nicht erst versucht haben, Kontakt mit anderen Menschen herzustellen, die Sie bewundern und respektieren.

Doch wir alle haben das psychologische Bedürfnis nach *Zugehörigkeit*, mit anderen Worten nach emotionalen und physischen Kontakten mit Gleichgesinnten.

Gute Freundschaften fördern die Gesundheit und – sollten Sie sich in stressigen Situationen befinden – reduzieren den Cortison-Spiegel. Zu wissen, dass Sie vertraute Menschen an Ihrer Seite haben, die Sie lieben und verstehen – egal ob es Ihre Freunde sind, ein Liebespartner oder Ihre Familie – schützt Sie vor Stresshormonen.

Kapitel 11

Was fühlen Sie in Bezug auf andere Menschen?

Wenn Sie traumatisiert sind, fällt es Ihnen unter Umständen schwer, mit anderen Menschen zusammen zu sein. Forscher haben herausgefunden, dass Isolation und Vermeidung zwei typische Verhaltensstrategien von Menschen sind, die Trauma erfahren haben.

Vielleicht sind Sie scheu oder glauben, nicht gut genug zu sein. Möglicherweise haben Sie schmerzhafte Ablehnung erfahren, und jetzt meiden Sie andere Menschen, um sicherzugehen, dass so etwas nicht noch mal passiert.

Die Erfahrung von Trauma kann neue Ebenen von Spiritualität und philosophischem Verständnis in Ihrem Inneren geöffnet haben. Aus diesem Grund fühlt sich ein normaler Austausch mit anderen oberflächlich und wie reine Zeitverschwendung an.

Vielleicht wissen Sie nicht, wie Sie eine Konversation führen können. Untersuchungen zeigen, dass Personen, die eine *vermeidend-selbstunsichere Persönlichkeit* entwickelt haben, bei einem Gespräch ständig ihre eigenen Reaktionen und die anderer Menschen überprüfen. Dies hat zur Folge, dass die vermeidende Person eine ungeschickte, gehemmte Ausdrucksweise hat. Diese Gehemmtheit wiederum kann zu weiterer gesell-

schaftlicher Ablehnung und in der Folge zu Ängsten führen, sich lächerlich zu machen und in den Augen anderer Menschen als unzureichend und nicht gut genug dazustehen.
Die vermeidende Persönlichkeit wird als jemand definiert, der Interaktionen mit anderen Menschen sowohl im Berufsleben als auch privat aufgrund der vorherrschenden Überzeugung, dass irgendwas mit ihm nicht stimmt und er daher von anderen abgelehnt wird, auf ein absolutes Minimum beschränkt. Ein solcher Mensch meidet andere, um sich vor dem Schmerz vermuteter Ablehnung zu schützen.
Hier ein paar Beispiele für dieses Verhalten:

- Einen Beruf wählen, bei dem Sie persönliche Interaktionen vermeiden können
- Vermeidung gesellschaftlicher Anlässe wie Events, Partys und Festivitäten
- Sich nur mit jemand anderem einlassen, wenn Sie sicher sein können, nicht abgelehnt zu werden
- Überzeugt sein, dass andere Sie ständig kritisieren oder ablehnen, sowie extreme Empfindlichkeit gegenüber Kritik
- Freunde und Liebespartner wählen, die gesellschaftlich deutlich niedriger stehen als Sie, da sie sich ihrer »sicherer« sind als es bei Leuten aus Ihrem eigenen Milieu der Fall wäre
- Ständig mit Ihren eigenen angeblichen Unzulänglichkeiten beschäftigt
- So sehr gehemmt im Umgang mit anderen Menschen, dass eine normale Konversation schwierig ist

Gesellschaftliche Phobien und eine vermeidend-selbstunsichere Persönlichkeitsstörung zeigen ähnliche Symptome; jedoch sind die Symptome wesentlich stärker und lähmender bei jemandem, der eine vermeidende Persönlichkeit hat. Eine Verhaltenstherapie hat sich bei der Behandlung dieser Störung als effektiv erwiesen, damit der oder die Betreffende lernen kann, die Gesellschaft anderer Menschen zu genießen und ihnen zu vertrauen.

Bindung

»Bindungsprobleme« sind Teil des Spektrums von Trauma-Folgen. Wenn Sie als Kind vernachlässigt, lächerlich gemacht oder auf andere Weise missbraucht wurden, sind Beziehungsprobleme die Folge. Dazu gehören:

- **Misstrauen.** Wenn Ihr grundsätzliches Eltern-Kind-Vertrauen betrogen wurde, ist es schwierig, jemals wieder einem Menschen zu vertrauen.
- **Ungenügende Abgrenzung.** Es fällt Ihnen schwer zu erkennen, wo Sie aufhören und ein anderer beginnt. Um Grenzen zu ziehen, müssen Sie wissen, was und wie Sie sich fühlen … etwas, zu dem viele von Kindheits-Traumata Betroffene nicht in der Lage sind. Die Verhaltenstherapie wird Ihnen Einsichten geben über »Verstrickungs-Probleme«, bei denen Sie und Ihre Eltern sich übermäßig miteinander identifiziert haben, wobei Sie vielleicht unbewusst die Ängste Ihrer Eltern absorbiert haben.
- **Isolation.** Es fühlt sich sicherer an, allein zu sein, selbst wenn dies Einsamkeit bedeutet.

- **Distanziertheit.** Sie sind sich nicht bewusst, wie andere Menschen fühlen und nehmen ihre diesbezüglichen nonverbalen Hinweise nicht wahr.

Bindungsprobleme können geheilt werden, indem Sie zumindest *eine* gesunde und zuverlässige Beziehung entwickeln (zum Beispiel mit Ihrem Therapeuten). Die Methoden für die Heilung von Traumata, die wir in Teil II dieses Buches diskutiert haben, können die zugrunde liegende Angst vor Bindungsproblemen beseitigen. In erster Linie besteht die Heilung darin, die Basis für diese Probleme zu verstehen und dann neue Möglichkeiten zu erlernen, wie Sie Verbindungen mit anderen Menschen eingehen können.

Isolation, Rückzug oder Einsamkeit?

Wenn Ihnen das Konzept einer vermeidenden Persönlichkeit bekannt vorkommt, stehen Sie nicht allein da – im Gegenteil! Menschen, die Traumata erfahren haben, neigen dazu, sich zu isolieren aufgrund ihrer gesteigerten Sensitivität, Hypervigilanz und dem Wunsch, sich vor weiteren Traumata zu schützen.

Wenn Sie diese Eigenschaften in Ihrer eigenen Person wiedererkennen, ist es wichtig, behutsam vorzugehen. Es ist von großer Bedeutung, dass Sie sich Zeit für sich selbst nehmen, ohne sich von der Welt zu isolieren.

Einerseits zeigen Untersuchungen, dass »strategische Rückzüge«, bei denen Sie eine gewisse Zeit allein verbringen, eine positive Wirkung auf depressive Symptome haben. Forscher nennen dies *konstruktives Alleinsein*, bei dem Sie Zeit haben, zu denken, zu planen und Ruhe zu finden.

Im Gegensatz dazu bedeutet *destruktives Alleinsein* Isolation ohne positives Wachstum. Ein Beispiel dafür ist, wenn Sie sich mit stimmungsbetäubenden Chemikalien oder Junkfood isolieren, andere im Zorn wegstoßen und Hilfsangebote ablehnen. Jedoch haben manche Menschen ein größeres Bedürfnis nach Affiliation – mit andern Worten: zwischenmenschlichen Kontakten – als andere. Hier sind Eigenschaften von Personen mit ausgeprägtem Bedürfnis nach Verbundenheit:

- Der Wunsch, Teil einer Gruppe zu sein
- Der Drang, gemocht zu werden, und die Tendenz, das mitzumachen, was der Rest der Gruppe tun möchte
- Eine Vorliebe für Zusammenarbeit anstatt Konkurrenzdenken
- Abneigung gegenüber Risiken oder Unsicherheit

Wenn Sie ein hohes Bedürfnis nach Verbundenheit und Zugehörigkeit haben, sich aber trotzdem isolieren, aus Angst vor Ablehnung oder weil Sie noch nicht die »richtigen Leute« gefunden haben, werden Sie sich wahrscheinlich sehr einsam fühlen.

Der hohe Preis der Einsamkeit

Forschungen zeigen, dass zu viel Alleinsein und Einsamkeit physisch und emotional schädlich für uns ist. Zum einen kann es einen Menschen dazu bringen, mit Hilfe von Drogen und Alkohol seine Gefühle zu betäuben. Eine Studie kam zu dem Schluss: »Das Gefühl von Einsamkeit ist bei Drogensüchtigen stärker als bei Nicht-Drogensüchtigen, da sie das Gefühl entwickeln können, anders zu sein als die Gesellschaft, was wiederum die Wahrscheinlichkeit von hochriskantem Verhalten und Drogensucht erhöht« (Hosseinbor et al. 2014). Eine andere Studie über Veteranen mit posttraumatischen Stresssymptomen stellte fest, dass bei jenen, die einen hohen Grad an

Vermeidungsverhalten zeigten, die Wahrscheinlichkeit von Alkoholmissbrauch doppelt so hoch war.
Viele Wissenschaftler glauben, dass eine vermeidend-selbstunsichere Persönlichkeitsstörung auf dem Trauma basiert, von einem oder beiden Elternteilen abgelehnt worden zu sein. Das Gefühl der Ablehnung ist subjektiv – das heißt, es liegt an der Interpretation des Betroffenen, ob das Verhalten eines Elternteils ablehnend war/ist oder nicht. Wenn Sie sich als von Mutter oder Vater abgelehnt und zurückgewiesen wahrnehmen, kann diese Erfahrung einen Hunger nach Liebe oder Akzeptanz erzeugen, mit der gleichzeitigen Überzeugung, dass Sie weder das eine noch das andere verdient haben.
Ablehnung in jedweder Form bedeutet Stress, selbst wenn Sie eine solche Szene nur auf der Leinwand sehen. Bei einer Untersuchung, wie sich Affiliation und Ablehnung auf Stress auswirkt, wurden den Teilnehmern drei verschiedene Filmausschnitte gezeigt: Einer handelte von gesellschaftlicher Ablehnung; der zweite von gesellschaftlicher Anerkennung; und der dritte zeigte eine gesellschaftlich neutrale Szene. Nachdem die Teilnehmer alle drei Ausschnitte gesehen hatten, prüften die Forscher ihre Hormone. Die Szene mit der gesellschaftlichen Ablehnung erhöhte den Cortisol-Spiegel der Testpersonen, was wieder einmal deutlich macht, dass unser Körper auf gesellschaftlichen Stress reagiert, egal ob er uns persönlich widerfährt oder auf der Leinwand passiert (Wirth und Schultheiss 2006).

Untersuchungen zeigen, dass unser Körper auf gesellschaftlichen Stress reagiert, egal ob er uns persönlich widerfährt oder auf der Leinwand passiert.

Wenn Sie emotionsbetäubende Substanzen nehmen, um mit dem Schmerz gesellschaftlicher Ablehnung umzugehen, ist die Wahrscheinlichkeit groß, dass Sie mit anderen Drogenkonsumenten in Kontakt kommen. Wenn jemand chronisch high oder betrunken ist, hat er oder sie keine Liebe mehr zu geben. Die Substanzen haben ihre Herzen verschlossen. Das bedeutet, dass Sie vielleicht »mit jemandem zusammen« sind, Ihr Bedürfnis nach Liebe aber nach wie vor nicht gestillt wird.

Einsamkeit ist nicht nur emotional schmerzhaft, sondern auch physisch. Eine Studie untersuchte 220 Menschen mit Fibromyalgie, bei der die Teilnehmer 21 Tage lang viermal täglich Eintragungen in ein digitales Tagebuch vornehmen mussten. Die Forscher berichteten: »An Tagen, an denen Individuen morgens größere Einsamkeit als sonst verspürten, litten sie am Nachmittag unter stärkerem maladaptivem Schmerzverhalten, was wiederum eine Zunahme an abendlichen Schmerzen voraussagte, die größer waren als die Schmerzen am Morgen.« Sie kamen zu dem Schluss: »Phasen der Einsamkeit stehen mit einer anschließenden Intensivierung negativer Denkmuster in Bezug auf den Schmerz in Verbindung, die einen Tag später zu einem weiteren Anstieg von körperlichem Schmerz führen« (Wolf et al. 20159).

Auf ähnliche Weise kam eine Studie über 176 Frauen mit Fibromyalgie zu dem Ergebnis: »Positives gesellschaftliches Engagement bietet Erleichterung bei der mit Fibromyalgie einhergehenden Müdigkeit. Die Erleichterung hält über mehrere Tage an und kann ein zusätzliches Mittel sein, um die Wirksamkeit gegenwärtig angewandter Interventionen zu verbessern« (Young 2014).

Sie können mit Menschen zusammen und dennoch einsam sein, wenn Sie sich in einer Beziehung nicht verstanden, akzeptiert und wahrgenommen fühlen. Wenn Sie ein besonders ausgeprägtes Bedürfnis nach einer Beziehung haben, aber nicht wissen, wie Sie einen passenden Freund oder Liebespartner finden können, bringen Sie mittels einer dysfunktionalen Beziehung noch mehr Drama und Stress in Ihr Leben. Doch machen Sie sich keine Sorgen: Im nächsten Kapitel, in dem wir über zwischenmenschliche Beziehungen sprechen werden, finden Sie viele Vorschläge, wie Sie einen passenden Partner wählen können.

Die Oxytocin-Verbindung

Trauma und Stress spielen eine biologische Rolle bei Einsamkeit, vermeidender Persönlichkeitsstörung und gesellschaftlichen Phobien. Wie Sie bereits aus einem früheren Kapitel in diesem Buch wissen, neigen Menschen, die ein Trauma erfahren haben, statistisch eher dazu, weitere Traumata und Stress zu erleben.

Dieser ganze Stress führt zu einer wahren Flut von Cortisol, da der Körper sich bedroht fühlt. Eine der negativen Nebenwirkungen von zu viel Cortisol besteht darin, dass es die Produktion von Oxytocin reduziert, dem Hormon, das bei der Förderung emotionaler Intimität und Vertrautheit in Beziehungen eine wichtige Rolle spielt.

Sie haben vielleicht in Diskussionen über das Thema sexuelle Erregung schon von Oxytocin gehört. Doch kürzlich durchgeführte Forschungen zeigen, dass Oxytocin zudem eine emotional heilende chemische Verbindung ist, vor allem in Bezug auf Interaktionen in Beziehungen. Eine ausreichende Versorgung mit Oxytocin hilft zu lernen, wie Sie sich mit anderen verbinden und ihnen vertrauen können. Außerdem reduziert das Hormon Angstgefühle.

Oxytocin wird von der Hirnanhangsdrüse als Reaktion auf Berührungen freigesetzt, wie zum Beispiel bei einer Umarmung oder Massage. Doch das gilt nicht nur für körperlichen

Kontakt mit Menschen: Oxytocin wird auch freigesetzt, wenn Sie Ihren vierbeinigen Liebling streicheln.
Wissenschaftler betrachten Oxytocin als essenziell, wenn es darum geht, mit einem anderen Menschen eine Verbindung einzugehen. Also kann berühren, halten, sich massieren lassen und umarmt werden helfen, vermeidende und isolierende Tendenzen zu heilen.
Sie können Oxytocin-Inhalatoren kaufen; davon ausgehend, dass reine Ingredienzien enthalten sind, hat Oxytocin eine »Lebensspanne« von nur drei Minuten. Was bedeutet, dass jeglicher Segen durch das Inhalieren eines Sprays sehr kurzlebig sein würde.
Sich ein Haustier zu nehmen ist eine andere Möglichkeit, die Einsamkeit zu überwinden und Ihren Oxytocin-Spiegel zu erhöhen. Oder Sie bitten einen vertrauten Freund oder Freundin, Sie in den Arm zu nehmen, da Umarmen den Oxytocin-Spiegel erhöht.

Der beste Freund des Menschen

Lassen Sie mich diesen Abschnitt mit dem Satz beginnen, dass ich *alle* Tiere liebe. Tatsache ist jedoch, dass die meisten Forschungen mit Hunden durchgeführt worden sind.
Studien über tiergestützte Therapien zeigen, dass die Anwesenheit eines Hundes Gefühle von Einsamkeit reduziert, physischen Schmerz mindert und in stressigen Situationen den Cortisol-Spiegel niedrig hält.
Vielen Kriegsveteranen gelingt es, dank der Hilfe speziell ausgebildeter Hunde mit schwierigen Situationen umzugehen. Gegenwärtig werden Forschungen durchgeführt mit dem Ziel, die Rolle von Assistenzhunden bei der Heilung der posttraumatischen Symptome ihrer Besitzer genauer zu untersuchen.

Eine Studie mit Kindern, die sexuell missbraucht worden waren, fand heraus, dass immer dann, wenn ein Hund während ihrer Gruppentherapie anwesend war, die Kinder eine »auffallende Reduzierung traumatischer Symptome zeigten, einschließlich Angst, Depression, Wut, posttraumatische Belastungsstörung, Dissoziation und sexuelle Bedenken« (Dietz, Davis und Penning 2012).

In vielen Ländern ist es zertifizierten, emotional trainierten Assistenztieren erlaubt, ihre Besitzer in Flugzeugen, Hotels, Geschäften und an anderen öffentlichen Orten zu begleiten und so zu unterstützen.

Darüber hinaus zeigen Untersuchungen, dass Hundebesitzer doppelt so häufig dazu neigen, regelmäßig nach draußen zu gehen, wie Nicht-Hundebesitzer. Diese Hunde-Spaziergänge gehen einher mit bemerkenswerten mentalen und physischen Vorteilen für die Gesundheit der Besitzer. Zudem ist ein Spaziergang mit Ihrem Hund eine ausgezeichnete Möglichkeit, auf der nächsten Hundewiese Ihre Nachbarn oder andere Tierliebhaber kennenzulernen.

Einen Hund oder ein anderes Haustier um sich zu haben, kann posttraumatische Symptome erleichtern. Wenn die Emotionen nach einem Trauma stillgelegt sind, kann die Liebe zu einem tierischen Gefährten Ihre Gefühle wiedererwecken. Sie fangen an, sich um jemanden zu kümmern – Ihr Haustier – was ein wunderbarer Ausgangspunkt ist, um Ihr Herz erneut für die Liebe zu öffnen.

Programme, die auf das Training von Assistenzhunden für Kriegsveteranen spezialisiert sind, haben gezeigt, dass diese Hunde durch Trauma verursachte Hypervigilanz reduzieren können. Es ist so, als hätte man ein zweites Augenpaar, um nach möglicher Gefahr Ausschau zu halten, was bedeutet, dass der traumatisierte Mensch seine Angst loslassen und sich entspannen kann.

Außerdem können Haustiere die Lust am Spielen bei Menschen wecken, die aufgrund von Trauma bisher nicht in der Lage waren, sich zu entspannen.
Was mich betrifft, so kann ich die beruhigende Wirkung von Haustieren nur bestätigen. Tiere besitzen einen ausgeprägten Sinn für das, was ein Mensch braucht. Wenn ich als Kind weinend aus einem Alptraum aufwachte, kam jedes Mal meine flauschige, orangefarbene Katze, Mickey, angerannt, um mit mir zu kuscheln, bis ich wieder einschlief.
Als ich viele Jahre später eine schwierige Phase in meinem Leben durchmachte, nahm ich mir meinen ersten Hund, Valentine. In dem Moment, wo ich sie an mein Herz hielt, hatte ich das Gefühl, als ob Valentine mich heilen und mein Herz öffnen würde! Der Begriff *Therapiehund* fiel mir ein, da der Trost, den sie mir spendete, definitiv therapeutisch und eine große Hilfe in dieser stressigen Situation war.
Als dann später meine Reisetermine immer dichter aufeinander folgten und stressiger wurden, bewarb ich mich erfolgreich für einen emotional ausgebildeten Assistenzhund. Er begleitete mich auf vielen Flügen und saß während der Seminare auf meinem Schoß. Seine Gegenwart hatte definitiv eine beruhigende Wirkung auf mich! (Wenn ich es mir recht überlege, hatte ich meinen Hund nicht dabei an dem Tag, als ich auf dem Flughafen von Toronto vor lauter Stress in Tränen ausbrach, wie ich in der Einführung beschrieben habe. Hm …)

Wie man ein guter Freund sein kann

In diesem Abschnitt werden wir die Persönlichkeitseigenschaften anderer Menschen untersuchen; jedoch ist es ebenso wichtig, eine Selbsteinschätzung vorzunehmen und sich zu fragen: *Bin ich ein guter Freund?* Umfragen zeigen, dass enge Freundschaften wichtiger für ein glückliches Leben sind als die Ehe.

Ein klares Zeichen für den hohen Stellenwert dieser Beziehungen für unser Wohlbefinden.
Jeder Mensch hat eine andere Vorstellung davon, was einen »guten Freund« ausmacht, doch gibt es grundlegende Eigenschaften, die in allen Studien über Freundschaft genannt werden. Dazu gehören:

- **Vertrauenswürdigkeit.** Versprechen einhalten und Integrität bewahren. Das ist besonders dann wichtig, wenn Ihr Vertrauen in der Vergangenheit enttäuscht worden ist.
- **Schutz.** Es gibt ein unausgesprochenes Gesetz zwischen Freunden, dass sie einander beschützen werden. Dazu gehört, dass Sie Ihre Freunde verteidigen, wenn über sie getratscht wird, und ihnen beistehen, wenn sie Hilfe brauchen.
- **Verschwiegenheit.** Klatschen Sie nie über Ihre Freunde, und enthüllen Sie anderen gegenüber niemals ihre Geheimnisse.
- **Kein Rivalitätsdenken.** Wenn auch freundliches Wettkampfverhalten in einem sportlichen Rahmen okay sein kann, stellt das Verlangen, »besser« als Ihr Freund zu sein, eine Belastung für die Beziehung dar.
- **Gegenseitigkeit.** Gespräche geben beiden Beteiligten die Möglichkeit, Zeit und Aufmerksamkeit zu teilen. Beide Freunde hören einander zu.
- **Verfügbar sein.** Wir alle haben viel zu tun, doch gute Freunde nehmen sich Zeit füreinander.

Alle diese Qualitäten helfen Ihnen, sich bei Ihren guten Freunden sicher und »zu Hause« zu fühlen.

Achten Sie auf Ihre posttraumatischen Persönlichkeitstendenzen, die unangenehm sein könnten für Ihre Freunde, wie zum Beispiel die folgenden:

– Falls Sie dazu tendieren, ein **Kämpfer** zu sein, achten Sie darauf, wann Sie wütend werden.
Vernünftige Möglichkeiten, mit dieser Tendenz umzugehen: Vielleicht erleben Sie einen emotionalen Flashback und reagieren auf vergangenes Trauma anstatt auf die gegenwärtige Situation. Gehen Sie einen Moment weg, um die Wut durch aktives Handeln zu entladen. Nehmen Sie ein paar tiefe Atemzüge. Sprechen Sie erst wieder, nachdem Sie Ihren Geist geklärt und sich wieder zentriert haben, um zu verhindern, etwas Verletzendes zu sagen. Falls Sie dennoch der Wut freien Lauf lassen, achten Sie darauf, sich dafür zu entschuldigen, die Verantwortung für Ihr Handeln zu übernehmen und mit Ihrem Freund/Ihrer Freundin über das zu reden, was passiert ist.

– Wenn Sie zu **Drama** neigen, achten Sie auf Ihre Tendenz, in Panik zu verfallen und aus Situationen Katastrophen zu machen, die in Wahrheit keine Notfälle sind. Diese Überdramatisierungen können andere Menschen erschrecken, vor allem wenn Sie laut kundtun, dass es irgendeine Gefahr gibt, gegen die sich jeder auf der Stelle verteidigen muss.
Vernünftige Möglichkeiten, mit dieser Tendenz umzugehen: Wenn Sie diesen Drang zu dramatisieren in sich verspüren, nehmen Sie sich einen Moment Zeit, um diese Energie durch Dehnungsübungen zu entladen. Strecken Sie Ihre Arme, machen Sie ein paar Kniebeugen, atmen Sie tief ein und aus und lassen Sie die Angst los. Versuchen Sie, all dies so unaufgeregt wie möglich zu tun; oder entschuldigen Sie sich kurz und gehen ins Badezimmer, wo Sie sich unbeobachtet dehnen und strecken können.

– Sollten Sie dazu neigen, sich zu **distanzieren**, werden Ihre Freunde vielleicht denken, dass Sie kein Interesse mehr an ihnen haben, sobald sie merken, dass Ihre Augen glasig werden und Sie ihnen nur einsilbig antworten.
Vernünftige Möglichkeiten, mit dieser Tendenz umzugehen: Sich zu erden kann Ihnen helfen, nicht weg zu driften. Fokussieren Sie sich dabei bewusst auf Ihre körperlichen Empfindungen. Achten Sie auf das Gefühl Ihrer Füße in Ihren Schuhen, Ihres Rückens angelehnt an den Stuhl, und so weiter. Achten Sie auf jede Spannung in Ihren Muskeln. Achten Sie darauf, ob Ihr Atem flach ist. Je mehr Sie sich Ihres Körpers bewusst werden, desto mehr sind Sie im Hier und Jetzt bei Ihren Freunden – und bei sich selbst.

– Wenn Sie zu **Co-Abhängigkeit** neigen, übertreiben Sie es vielleicht mit der Großzügigkeit gegenüber Ihren Freunden. Sie sind so dankbar, Freunde zu haben, dass Sie Ihre Wertschätzung in überbordender, extremer Weise zum Ausdruck bringen. Dies kann dazu führen, dass Sie im Gegenzug keine freundschaftlichen Gesten empfangen und Sie verbittert werden, weil nur Sie es sind, der ständig gibt.
Vernünftige Möglichkeiten, mit dieser Tendenz umzugehen: Erinnern Sie sich selbst immer wieder daran, dass in dem Moment, in dem Sie Ihren Freunden erlauben, Ihnen zu helfen, Sie Ihren Freunden die Gelegenheit geben, glücklich zu sein, weil sie Ihnen helfen können. Üben Sie täglich, Geben und Nehmen in Einklang zu bringen.

Bleiben Sie sich bei Ihren Freundschaften Ihrer physischen und emotionalen Gefühle bewusst. Achten Sie auf den Moment, wenn Sie anfangen, in einen Zustand von Angst oder Wut zu verfallen, und ziehen Sie sich kurz zurück, um Klarheit zu gewinnen. Machen Sie sich keine Vorwürfe und belas-

ten Sie sich nicht mit dem Drama anderer Menschen. Sie können für Ihre Freunde da sein, ohne sich selbst mit Sorgen und Stress zu belasten.
Eine einzige gute Freundschaft reicht aus, damit Sie erkennen, dass Sie liebenswert sind. Freundschaften brauchen Zeit und Hingabe, um zu wachsen, doch sind sie eine Investition, die sich auf Glück bringende Weise auszahlt.

Kapitel 12

Wählen Sie Ihre Freunde mit Bedacht

Zur richtigen Selbstfürsorge gehört ein gesundes Urteilsvermögen, wenn es darum geht, mit wem Sie Ihre Zeit verbringen wollen. Wie wir im vorhergehenden Kapitel gesehen haben, werden Sie im Falle einer Traumatisierung dazu tendieren, »sichere« Beziehungen zu wählen, die Ihnen die Garantie geben, akzeptiert zu werden … indem Sie in der Regel Beziehungen mit Menschen eingehen, für die Sie keine Bewunderung empfinden. Das können Personen sein, die Drogen- oder Alkoholprobleme haben oder aus einem deutlich niedrigeren gesellschaftlichen Milieu stammen als Sie. Dies gibt Ihnen scheinbar die Möglichkeit, Menschen zu retten und zu »reparieren«, unter dem Vorwand, dass es sich dabei um einen selbstlosen Akt des Mitgefühls handelt.

In der Vergangenheit haben Sie Ihre Freunde vielleicht basierend auf Ihren gemeinsamen traumatischen Erfahrungen oder dysfunktionalen Verhaltensformen gewählt. Diese Art von Beziehungen garantiert Ihnen jede Menge Drama und emotionale Schmerzen, es sei denn, Sie haben sich beide verpflichtet, an sich selbst zu arbeiten.

Jeder Mensch hat irgendein Problem, an dem er arbeitet, und wie wir mittlerweile wissen, haben die meisten Menschen irgendwann ein Trauma erlebt. Forscher sind zu dem Schluss

gekommen: »Epidemiologische Studien zeigen, dass die meisten Menschen irgendwann in ihrem Leben eine traumatische Erfahrung machen, und bis zu 25 Prozent von ihnen werden PTSD entwickeln« (Hidalgo und Davidson 2000).
Entscheiden Sie sich dafür, sich mit Menschen zu umgeben, die sich ihrer Probleme bewusst sind. Sie möchten mit jemandem zusammen sein, der Schritte unternommen hat, um mit seinen oder ihren »Dämonen« umzugehen, durch Psychotherapie, regelmäßige Selbstfürsorge und Ähnliches.

Entscheiden Sie sich dafür, sich mit Menschen zu umgeben, die sich ihrer Probleme bewusst sind und die richtigen Schritte unternehmen, um damit umzugehen.

Wie Sie dramasüchtige Freunde erkennen und vermeiden können

Während Sie sich von der Sucht nach Drama entgiften, müssen Sie sich unter Umständen (vorübergehend oder dauerhaft) von Menschen zurückziehen, die diese Sucht fördern. Das kann man vergleichen mit einem genesenden Alkoholiker, der sich von früheren Trinkkumpanen distanziert.
Wenn Sie auch für jeden, der mit einer Sucht kämpft, Mitgefühl haben können, ist es wichtig, dass Sie klare Maßnahmen setzen, um sich selbst zu heilen. Beten Sie für Ihre Freunde, die nach wie vor süchtig sind, schicken Sie ihnen hilfreiche Artikel und Bücher, sofern sie dafür offen sind … doch lassen Sie nicht zu, dass ihr Einfluss Sie von Ihrem Weg der Heilung abbringt.
Hier sind ein paar Eigenschaften, die Sie vermeiden sollten, vor allem zu Beginn Ihrer Genesung von der Sucht nach Drama. Halten Sie sich von Personen fern, die:

- Obsessiv und wiederholt über ihre Probleme reden, ohne Interesse an einer Lösung
- Ihre Versprechen brechen
- Auf eine dramatische Weise handeln und reden, ständig aufgeregt und übertrieben
- Respektlos mit andern umgehen
- Einseitige Gespräche führen – wobei es immer darum geht, dass sie etwas Besonderes sind, entweder besonders toll oder besonders glücklos
- Laut und schnell reden
- Gegenwärtig alkohol- oder drogensüchtig sind
- Häufig auf Komplimente aus sind
- Damit angeben, das Gesetzt gebrochen zu haben
- »Weltuntergangs«-Ängste haben
- Ständig über alle möglichen Sachen in Wut geraten
- Häufig übertriebene Worte benutzen, wie zum Beispiel *immer* und *niemals*
- Unruhige Augen haben, die Ihrem Blick nicht standhalten
- *Zu* Ihnen reden, nicht *mit* Ihnen
- Sie nur dann kontaktieren, wenn sie etwas von Ihnen wollen
- Damit angeben, wie viel Stress sie gerade haben, so als sei dies ein Zeichen für Tapferkeit

- Damit prahlen, ein Opfer und abhängig vom Willen anderer Menschen zu sein
- Über andere tratschen (sie werden mit Ihnen genauso verfahren)
- Jede Einzelheit über das Leben jedes Promis zitieren können
- Unaufhörlich darüber klagen, was sie alles zu tun haben
- Die Angewohnheit haben, wilde Geschichten über sich selbst oder Personen zum Besten zu geben, die sie kennen

Durch Ihre Genesung von Stress und Drama gewinnen Sie an Kraft und werden dadurch besser in der Lage sein, anderen Menschen dabei zu helfen, ihren eigenen Stresskreislauf zu erkennen. Doch zu Beginn ist es am besten, ihre Gesellschaft so weit wie möglich zu meiden (in Kapitel 14 werden wir besprechen, wie Sie mit negativen Familienmitgliedern umgehen können).

Ihre inneren Alarmsignale

Ihr Körper ist von Natur aus empfänglich für die Energien und Intentionen anderer Menschen. Nach einem Trauma verstärkt sich diese Sensibilität gegenüber Menschen in Ihrer Umgebung sogar noch. Dabei handelt es sich um eine innere Schutzmaßnahme. Dennoch kann es sein, dass Sie Ihre inneren Warnsignale ignorieren, was Sie später bereuen werden.

Ein Teil Ihrer Selbstfürsorge sollte darin bestehen, auf Ihre inneren Warnsignale zu achten – und am wichtigsten: ihnen zu vertrauen, hinzuhören, sie zu würdigen und entsprechend zu handeln. Diese Signale können sich in Form von angespannten Muskeln bemerkbar machen, als ein Gefühl, dass irgendetwas nicht stimmt, oder als inneres Wissen, dass sie einem bestimmten Menschen nicht vertrauen können oder dass er oder sie kein positiver Umgang für Sie ist. In welcher Form auch immer Sie diese Signale empfangen: Es ist alles bestens, solange Sie sie wahrnehmen und ihnen folgen.

Wenn Sie mit Freunden oder neuen Bekannten zusammen sind, prüfen Sie, ob Ihre inneren Alarmsignale sich bemerkbar machen und Sie warnen, dass Ihr Gegenüber süchtig ist nach Drama:

- Sie fühlen sich gelangweilt und nervös, weil er oder sie wiederholt die gleichen Geschichten erzählt.
- Sie fühlen sich ausgenutzt, weil es sich um eine einseitige Beziehung handelt, in der Sie allein derjenige sind, der gibt.
- Sie haben den Wunsch, dem Betreffenden aus dem Weg zu gehen.
- Sie haben das Gefühl, als würden Sie Ihre Zeit verschwenden, wenn Sie mit ihm oder ihr zusammen sind.
- Sie haben somatische Reaktionen auf die Gegenwart dieses Menschen, beispielsweise fühlen Sie sich krank oder haben körperliche Schmerzen.
- Sie fühlen sich schuldig, so als wären Sie der Person wegen etwas verpflichtet.
- Sie sind wütend auf den anderen und auf sich selbst.
- Nachdem der oder die Betreffende gegangen ist, fühlen Sie sich erschöpft und müde.

Diese Warnsignale kommen in einer gesunden Freundschaft eher selten vor. Wenn ein oder zwei dieser Alarmzeichen auftauchen, werden Sie in einer gesunden Beziehung kein Problem haben, sich diese Signale bewusst zu machen und zu klären.
Falls Ihre traumatische Erfahrung zur Folge hatte, dass Sie sich unwürdig fühlen oder Angst vor Menschen haben, müssen Sie Freundschaften Zeit lassen, sich zu entwickeln. Gehen Sie behutsam vor.
Denken Sie daran, dass nicht die *Quantität* an Freundschaften wichtig ist, sondern die *Qualität* der Beziehungen. Wahre Freundschaft ist die Zeit und Energie wert, die sie braucht, um zu wachsen.

Sucht nach Stresshormonen und Persönlichkeit

Als ich im College Persönlichkeitsstörungen studierte, mahnten die Professoren uns Studenten, uns vor dem »Psycho-Anfänger-Syndrom« in Acht zu nehmen. Damit ist eine Tendenz bei jenen gemeint, die psychologische Diagnosen studieren und zu der Überzeugung kommen, dass alle aufgeführten Symptome auf sie selbst zutreffen. Daher lesen Sie den folgenden Abschnitt bitte aus einer objektiven Perspektive in dem Wissen, dass das Gelesene nicht unbedingt auf Sie persönlich zutrifft. Bei den meisten Persönlichkeitsstörungen handelt es sich um extreme Fälle normaler Charakteristika von Menschen, deren Leben und Glück durch diese Eigenschaften limitiert ist.
Persönlichkeitsstörungen zeichnen sich in erster Linie durch die Unfähigkeit aus, gesunde Beziehungen zu entwickeln oder aufrechtzuerhalten. In Wahrheit sind Personen, auf die diese Beschreibungen zutreffen, einsam, verletzt und wütend. Doch sie isolieren sich von weiteren Verletzungen, indem sie andere Menschen zu Objekten machen und sich mit einer Mauer aus Ichbezogenheit und Wut umgeben.

Der amerikanische Psychotherapeut Peter Walker, Autor von *Complex PTSD*, hat die Theorie aufgestellt, dass die vier unterschiedlichen Trauma-Reaktionen (*Kämpfen, Fliehen, Erstarren* und *Einschmeicheln*) zu vier Persönlichkeitsstörungen führen können (oder einer Kombination von ihnen):

- **Kämpfen** führt zu *Narzissmus* und dem Versuch, sich mittels Macht und Kontrolle sicher zu fühlen.
- **Fliehen** führt zu einer *Zwangsstörung* und dem Versuch, sich mithilfe von Perfektionismus in Sicherheit zu wiegen.
- **Erstarren** führt zu einem Zustand der *Dissoziation* und dem Versuch, durch Isolation Sicherheit zu finden.
- **Einschmeicheln** führt zu Co-Abhängigkeit und dem Versuch, sicher zu sein, indem man andere glücklich macht.

Wer sich geliebt fühlt, fühlt sich sicher

Ich würde Walkers Modell durch den Zusatz ergänzen, dass wir nicht nur versuchen, uns sicher zu fühlen, vielmehr versuchen wir, uns *geliebt* zu fühlen (was uns ein Gefühl der Geborgenheit, Wertschätzung und Sicherheit gibt). All diese Persönlichkeitsprobleme sind Versuche, das Gefühl, geliebt zu werden, zu kontrollieren anstatt Liebe in unserem Herz, unserer Seele und unserem Leben einfach zuzulassen.
Sich geliebt zu fühlen nimmt uns die existenzielle Angst, die uns dazu führt zu fragen: *Warum bin ich hier?* Liebe rechtfertigt und bestätigt unsere Existenz und heilt jegliche Schuldgefühle, dass unsere Gegenwart für unsere Eltern und den Planeten ein anstrengendes Ärgernis ist. Liebe macht uns glücklich, am Leben zu sein.

Die Narzissten und Co-Abhängigen versuchen, andere Menschen zu kontrollieren; die Dissoziierten versuchen, ihr Bewusstsein zu kontrollieren; und die Zwangsgestörten versuchen, ihre Umgebung zu kontrollieren… all dies in dem extremen Bedürfnis, sich geliebt zu fühlen – was jedoch nie funktioniert, da Kontrolle auf Angst basiert und nicht auf Liebe.

* * *

Hier folgen Beschreibungen der Persönlichkeitsprobleme, die mit Trauma-Symptomen einhergehen.
Falls Sie das Gefühl haben, die eine oder andere Beschreibung trifft auf Sie selbst zu, machen Sie sich bewusst, dass es hier um Persönlichkeit geht und nicht um Formen geistiger Erkrankung. Es gibt Hilfe, um die Angst loszulassen, die diesen Problemen zugrunde liegt, und diese Beschreibungen können Ihnen außerdem helfen, Probleme in Ihren Beziehungen zu identifizieren.

Narzissmus

In der Regel verstehen wir unter einem Narzissten jemanden, der ichbesessen und eitel ist. Darüber hinaus jedoch sind Narzissten süchtig nach Adrenalin und sorgen deswegen ständig für irgendein Drama. Sie glauben, dass ihre Probleme besondere Krisen sind und erwarten, dass jeder in seinem Tun innehält und an ihrem Drama teilnimmt.
Diesem Narzissmus liegt unterdrückte Wut (die Kampfreaktion auf Trauma) und die Angst, verlassen zu werden, zugrunde. Dies äußert sich oft als Langeweile, wenn das Leben zu alltäglich und ereignislos zu sein scheint. Narzissten benötigen ständig Aufmerksamkeit und Anerkennung, und eine Krise zu haben sorgt dafür, dass sie im Scheinwerferlicht ste-

hen. Darüber hinaus stoßen sie mit ihrer Wut alle emotional intimen Beziehungen von sich.
Narzissten können aus diesem Kreislauf ausbrechen, indem sie sich ihrer Wut, der Angst, verlassen zu werden, und ihrem niedrigen Selbstwertgefühl im Rahmen einer unterstützenden Therapie stellen.

Zwangsstörungen

Häufig denken wir bei Zwangsstörungen an endloses Händewaschen oder andere sich wiederholende Verhaltensformen als Versuch, negative Gedanken zu vertreiben. Doch in Wahrheit steckt viel mehr dahinter, vor allem wenn der Betroffene ein Trauma erlitten hat.
Bei einer Zwangsstörung hat die betroffene Person den immer wiederkehrenden und unkontrollierbaren Impuls, eine Handlung zu wiederholen. Sie hat zudem Angst, dass etwas Schlimmes passieren wird, falls die zwanghafte Handlung nicht ausgeführt wird.
Es handelt sich um eine generelle Angst, die jedoch sehr spezifisch werden kann (zum Beispiel: »Wenn ich nicht perfekt aussehe, wird mich niemand attraktiv finden oder lieben« oder »Ich muss zuerst meinen rechten Schuh anziehen, sonst wird der Tag schlecht verlaufen«). Wie die meisten Phobien sind diese Glaubenssätze oft auf vergangene stressvolle Erfahrungen zurückzuführen (zum Beispiel eine persönliche Tragödie, die an einem Tag passiert ist, als der oder die Betroffene zuerst den linken Schuh angezogen hat). Eine Verbindung wurde hergestellt zwischen diesen beiden Ereignissen und entwickelte sich zu einer Obsession mit einer zwanghaften Verhaltensweise.
Zwangsstörungen schließen in der Regel abergläubische Rituale mit ein, die man als *Akt der Sühne* bezeichnen kann, um sich auf magische Weise von Schuldgefühlen oder Ängsten

zu befreien. Beispielsweise kann vor dem Schlafengehen eine Reihe zwanghafter Verhaltensweisen erforderlich sein. Zum Beispiel werden die Lampen in einer bestimmten Reihenfolge ausgeknipst, die Kissen und Decken auf eine bestimmte Weise gefaltet, und so weiter. Diese Rituale werden sehr rigide ausgeführt, und wenn eine andere Person die Routine unterbricht, führt das zu großer Aufregung.

Zwangsgestörte Menschen haben zudem strikte Ansichten darüber, was richtig oder falsch ist, gepaart mit hohen moralischen Ansprüchen. Sie werden oft als extrem kritische Zeitgenossen wahrgenommen, was viele Menschen abstößt. Ironischerweise kann es passieren, dass sie zwar andere an ihren eigenen Ansprüchen messen, selbst jedoch diese Ansprüche nicht einhalten und Ausreden finden, um ihr Verhalten zu rechtfertigen.

Studien zeigen einen Zusammenhang zwischen Trauma und Stress und einer speziellen Zwangsstörung, die als Messie-Syndrom bekannt ist (Landau 2010). Messie-Syndrom bedeutet, dass ein Mensch verschiedene Gegenstände oder Haustiere zu seinem eigenen finanziellen, räumlichen oder sogar gesundheitlichen Nachteil (vor allem bei zusammengepferchten Tieren) sammelt.

Zwangsstörungen sind die Folge der Fluchtreaktion auf ein Trauma, mit dem Wunsch, vor Angst und Schmerz wegzulaufen. Zwanghaftes Verhalten beinhaltet sowohl physisches als auch mentales Flüchten vor der *Wahrnehmung* emotionaler Schmerzen, indem man kontinuierlich von hier nach da hetzt und versucht, eine endlose Reihe von Aufgaben perfekt zu erledigen. Zwangsgestörte Personen glauben, dass sie nichts Schmerzhaftes denken oder fühlen müssen, solange sie dafür sorgen, dass sie beschäftigt sind. Was zur Folge hat, dass sie häufig der Arbeitssucht verfallen, bis ihnen bewusst wird, wie schädlich dieses Verhaltensmuster für sie selbst und ihre Lieben ist.

Dissoziatives Verhalten

Wenn Sie in einer über alle Maßen schrecklichen oder schmerzhaften Situation gefangen waren, hatten Sie nicht die Möglichkeit, dagegen anzukämpfen oder wegzulaufen. Also sind Sie mental »geflüchtet«, indem Ihr Bewusstsein die Situation nicht länger bewusst wahrnahm. Sie waren physisch da, während sich Ihre Muskeln in einem starren »eingefrorenen« Zustand verspannten, bereit für den Schmerz, der unweigerlich folgen würde. Doch wie bei einer außerkörperlichen Erfahrung war Ihr Geist woanders.

In extremen Fällen kontinuierlichen Missbrauchs kann eine solche permanente Dissoziation dazu führen, dass der oder die Betroffene multiple Persönlichkeiten entwickelt. Zwei der psychiatrischen Krankenhäuser, in denen ich gearbeitet habe, fokussierten sich auf multiple Persönlichkeitsstörungen, daher lernte ich aus erster Hand, wie dieses Aufsplittern des Bewusstseins als Bewältigungsmechanismus in Missbrauchssituationen zustande kommt.

In weniger extremen Fällen hat Dissoziation eher damit zu tun, das Zeitgefühl zu verlieren, zu vergessen, wie man irgendwo angekommen ist, oder in einer Fantasiewelt zu leben, die nichts mit der Realität zu tun hat. Auch ständiges Tagträumen oder Fliehen in die Fantasie mithilfe von Romanen, Fernsehen oder Filmen gehört dazu.

Sie werden es merken, dass Sie mit jemandem mit dissoziativem Verhalten zusammen sind, wenn Sie das Gefühl haben, dass die Person Ihnen nicht zuhört, ihr Blick glasig und ihre Stimme monoton wird. Dann spüren Sie, dass sie nicht länger »anwesend« ist.

Co-Abhängigkeit: Anderen gefallen wollen und Liebe »kaufen«

Wenn Sie sich unwürdig fühlen, Liebe oder Freundschaft zu empfangen, werden Sie vielleicht auf übertriebene Weise versuchen, die Liebe anderer Menschen zu »gewinnen«, indem Sie sie mit Geschenken und Geld verwöhnen oder ihnen Gefallen erweisen. Das wird generell dazu führen, dass Menschen zwar mit Ihnen zusammen sind, aber nicht, weil sie Sie mögen.

Eine Co-Abhängigkeit entwickelt sich oft aufgrund der »Einschmeichel«-Reaktion auf erlittenes Trauma. Ähnlich dem berühmtem »Stockholm-Syndrom«, bei dem Gefangene beginnen, mit ihren Wächtern zu sympathisieren, bedeutet Einschmeicheln, dass Sie versuchen, schmerzhafte Beziehungen zu kontrollieren, indem Sie der anderen Person gefällig sind.

Bei einer Co-Abhängigkeit lernen Sie, wie Sie sich auf die Gefühle anderer Menschen einstimmen können, damit Sie wissen, was Sie sagen oder tun müssen, um ihre Anerkennung zu gewinnen. Dabei verlieren Sie jedoch den Kontakt zu Ihren eigenen Gefühlen.

Außerdem werden Sie mit dieser Art des einseitigen Gebens nur Menschen anziehen, die »nehmen« und nichts geben. Menschen, die unbedingt anderen gefallen wollen – auch *People-Pleasers* genannt – haben häufig ganze Horden von Schmarotzern um sich. Kein Wunder, dass sie sich einsam fühlen! Schließlich haben sie niemandem ihre verletzbare Seite gezeigt und niemanden wissen lassen, dass sie eigentlich total unglücklich sind. Stattdessen geben sie vor, immer anderen helfen zu wollen, wobei sie insgeheim nur darauf warten, dass endlich ihnen jemand etwas gibt.

Falls Sie versuchen, mit Ihrem Geld Liebe zu kaufen, dann dürfen Sie später nicht überrascht sein, wenn Sie nur für Ihr

Geld »geliebt« werden. Und Sie dürfen auch nicht überrascht sein, dass diese Menschen aus Ihrem Leben verschwinden werden, wenn Sie aufhören, Ihnen alles zu geben, was sie wollen.

Wahre Freundschaft erfordert eine Investition von Zeit und Energie (von beiden Seiten).

Zusätzlich zu diesen vier Trauma-bezogenen Persönlichkeitsstörungen, wie sie von Walker identifiziert wurden, hat die posttraumatische Forschung festgestellt, dass die vermeidend-selbstunsichere Persönlichkeitsstörung (wie in einem früheren Kapitel beschrieben) häufig sowohl auf nicht geheiltes Trauma als auch auf eine histrionische und eine Borderline-Persönlichkeitsstörung zurückzuführen ist.

Histrionische Persönlichkeitsstörung

Ähnlich wie beim Narzissmus besteht auch bei der histrionischen Persönlichkeitsstörung die ständige Notwendigkeit, Aufmerksamkeit auf sich zu ziehen. Die betroffenen Personen sind in der Regel verführerisch, provokant und emotional oberflächlich.

In Gesprächen übertreibt die histrionische Persönlichkeit, um Aufmerksamkeit zu erlangen, indem sie häufig endgültige Worte benutzt wie *immer* und *nie*. Diese Personen werden gerne als »Drama-Queens« bezeichnet, weil sie auf alles übertrieben reagieren und davon ausgehen, dass stets das Schlimmste eintreffen wird.

Genau wie Narzissten unterdrücken auch histrionische Persönlichkeiten eine Menge Wut und das Gefühl, ein Opfer zu sein. Sie neigen dazu, andere Menschen in dramatische Auseinandersetzungen zu verwickeln.

Borderline-Persönlichkeitsstörung

Wir sprechen von einer Borderline-Persönlichkeitsstörung, wenn Beziehungen, Selbstbild und Verhalten einer Person durchgängig unstabil sind. Ein solcher Mensch weiß nicht, wer er ist; er hat kein Gefühl für Identität und verändert seinen Geschmack und seine Ansichten entsprechend den Menschen um ihn herum und der Situation, in der er sich befindet.

Es gibt einen engen Zusammenhang zwischen posttraumatischen Symptomen und einer Borderline-Persönlichkeit, da beide Zustände das Resultat eines anhaltenden Missbrauchs sein können. Die Betroffenen suchen verzweifelt nach sich selbst; in der Regel jedoch suchen sie nach jemanden oder etwas, der oder das wie ein »magischer Schlüssel« alle Probleme löst und die Suche beendet. Nur wenn sie erkennen, dass das äußere Suchen vergebens ist, kann der Heilungsprozess endlich beginnen, indem sie nach innen schauen und sich selbst entdecken.

* * *

Die vorausgegangenen Beschreibungen werden »Persönlichkeitsstörungen« genannt, weil das dahinter stehende psychologische Modell den Begriff *Störung* mit einem zu behandelnden Zustand gleichsetzt. Das leuchtet ein – dennoch kann es entmachtend sein, jemanden als »gestört« zu bezeichnen. Vielleicht sollten Sie bei dem Begriff »Störung« lieber an das Bild eines nicht ordentlich aufgeräumten Schranks denken. Persönlichkeitsstörungen bedeuten tatsächlich eine unordentliche und desorganisierte Herangehensweise an das Leben.

Vielleicht erkennen Sie sich selbst in der einen oder anderen Beschreibung. Das wäre ein hilfreicher Hinweis, dem Sie nachgehen sollten. Die Heilungsmethoden, die in Teil II beschrieben werden, sind sehr wirksam, um die Ängste zu mindern, die diesen Persönlichkeitsproblemen zugrunde liegen.

Kann diese Freundschaft geheilt werden?

Wenn Sie sich selbst oder Ihre Freunde in diesem Kapitel wiedererkennen, ist das verständlich. Schließlich neigen wir dazu, uns mit gleichgesinnten Menschen zusammenzutun; wenn Sie also traumatisiert sind, fühlen Sie sich zu anderen hingezogen, die Ähnliches erlebt haben.

Zudem gibt es eine Art Schlüssel-Schloss-Prinzip in Bezug auf übereinstimmende Persönlichkeitsprobleme. Narzissten zum Beispiel, die alles kontrollieren wollen, fühlen sich oft zu Co-Abhängigen hingezogen, die jeden glücklich machen wollen. Das Problem ist, dass der Co-Abhängige sich zum Sklaven des Narzissten macht in dem Glauben, dass er ihn glücklich machen wird. Da der Narzisst jedoch von Grund auf *unglücklich* ist, wird dem co-abhängigen Partner nie die Belohnung zuteil, jemand anderen glücklich zu machen. Was bedeutet, dass die beiden dysfunktionalen Persönlichkeiten sich immer weiter voneinander entfernen.

Gesunde Beziehungen (wie wir im nächsten Kapitel sehen werden) bestehen aus zwei Menschen, die sich ihrer emotionalen Probleme bewusst sind und bereit sind, daran zu arbeiten. Jeder hat irgendwelche Probleme mit seiner Persönlichkeit, um daraus zu lernen und zu wachsen. Menschen jedoch, die in den Verteidigungsmodus gehen und sich ihre Probleme nicht anschauen wollen, stagnieren emotional. Ihre Angst davor, nach innen zu schauen, hält sie davon ab, wahres Glück und Intimität zu erfahren.

Es gibt positive, liebevolle und bewährte Möglichkeiten, mit einem anderen Menschen seine emotionalen Probleme zu be-

sprechen, was den Weg ebnet, Gefühle zu teilen. Aggressive Anschuldigungen hingegen versperren diesen Weg.
Stehen Sie in einer Diskussion zu Ihren Gefühlen, indem Sie zum Beispiel sagen: »Ich fühle *(benennen Sie die Emotion)*, wenn *(Beispiel von Handlungen, die dieses Gefühl auslösen)*.« Das ist viel besser, als jemanden anzuklagen, wie zum Beispiel: »Du machst mich total wütend!«
Wenn jemand angeklagt oder mit Vorwürfen überhäuft wird, macht er innerlich dicht und hört nicht mehr zu, was Sie sagen. Das gilt vor allem dann, wenn dieser Mensch aufgrund von Trauma hypersensitiv ist.
Wenn zum Beispiel Ihre Freundin chronisch zu spät zu Verabredungen kommt, könnten Sie sagen: »Ich fühle mich im Stich gelassen und respektlos behandelt, wenn du nicht zum vereinbarten Zeitpunkt erscheinst, und dieses Gefühl mag ich nicht.« Und dann versuchen Sie, gemeinsam Lösungen und Alternativen zu finden, damit das Ganze nicht nochmals passiert.
Hüten Sie sich jedoch vor Drohungen oder Ultimaten, es sei denn, Sie sind bereit, sie tatsächlich in die Tat umzusetzen.
Wenn Sie Angst vor Konflikten haben, dann wird ein ehrliches Gespräch Ihnen helfen, sich dieser Angst zu stellen und sie zu überwinden. Freundschaften können wachsen und immer vertrauter werden, wenn die beiden Menschen zusammen daran arbeiten, Probleme gemeinsam zu lösen.

KAPITEL 13

Strahlende Liebesbeziehungen

Lassen Sie mich dieses Kapitel mit den Worten beginnen, dass ich Vieles von dem, was Sie hier lesen, selbst auf die harte Tour gelernt habe. Obwohl ich im College Bachelor- und Diplom-Kurse in Psychologie absolviert habe, einschließlich aller Fächer, die nötig waren, um als Ehe- und Familienberaterin arbeiten zu können, habe ich mehr aus meinen eigenen *ungesunden* Beziehungen gelernt.

Meine Eltern, seit ihrer Jugendzeit verheiratet (mittlerweile fast sechs Jahrzehnte) haben eine jener idealen »Beste Freunde«-Beziehungen, von denen die meisten von uns träumen. Sie vergöttern und bewundern einander. Daher hatte ich hohe Ansprüche in Bezug auf eine Partnerschaft und Ehe, und es hat mich geschmerzt, dass es mir offensichtlich nicht gelang, dieses Ideal zu erreichen. Irgendwann erkannte ich schließlich, dass wahre Liebe erst möglich war, nachdem ich sie *in mir selbst* gefunden hatte.

Endloses Suchen nach Liebe und Erfüllung

Wenn Sie sich nach einer erfüllenden Liebesbeziehung sehnen, auf die Sie sich verlassen können und in der Sie einander achten, so ist das ein ganz normaler menschlicher Wunsch. Sie haben sich eine Beziehung mit solchen Qualitäten verdient. Wir alle haben sie verdient!

Wenn Ihr Liebesleben bisher eine einzige Abfolge von Enttäuschungen war, liegt das wahrscheinlich an der Notwendigkeit, sich zunächst einmal selbst lieben zu lernen. Sie haben schon wiederholt den Spruch gehört: »Sie können keinen anderen lieben, bevor Sie sich nicht selbst lieben«. Doch wir alle müssen diesbezüglich noch viel lernen. Nur sehr wenige Menschen haben die Kunst totaler Selbstakzeptanz gemeistert.

Wenn Sie damit beginnen, nach innen zu schauen und zu erkennen, ob Sie wirklich glücklich sind oder nicht, und sich Gedanken machen, ob Sie emotional leiden, dann ist das ein perfekter Ausgangspunkt! Wenn Ihnen Ihr eigenes Wohl am Herzen liegt, werden Sie Ihr Leben so gestalten, dass Sie umsorgt sind. Sie werden sich nicht auf Beziehungen mit Personen einlassen, die Sie schlecht behandeln und denen es egal ist, ob es Ihnen gut geht oder nicht.

In jeder Beziehung zeigen wir dem anderen immer, wie wir behandelt werden möchten. Das bedeutet, »Grenzen zu setzen«, die deutlich machen, was Sie akzeptieren und was nicht.

Ohne Selbstliebe lassen Sie sich auf den erstbesten Menschen ein, der Ihnen Aufmerksamkeit schenkt, egal wie der- oder diejenige Sie *behandelt.* Sie werden sich mehr Sorgen darüber machen, ob derjenige Sie mag, anstatt darüber, ob *Sie* ihn oder sie mögen. Sie werden sich nur auf die Schmetterlinge im Bauch konzentrieren, anstatt sich zu fragen, ob Sie sich vielleicht von einem anderen dysfunktionalen Menschen angezogen fühlen. Ist dieser Mensch jemand, zu dem Sie sich mental, emotional und spirituell hingezogen fühlen? Handelt es sich um eine rein physische Anziehung? Haben Sie das Bedürfnis, den oder die Betreffende zu retten oder zu ändern? Oder werden Sie von dem verzweifelten Wunsch angetrieben, nicht allein sein zu wollen?

Wenn Sie in der Vergangenheit Liebespartner aufgrund der »Chemie« gewählt haben, war das für Sie das Richtige? Falls nicht, ist dies ein Zeichen, dass Ihr Radar für einen potenziellen Partner auf *Dysfunktion* eingestellt ist.
In der Regel ist dies darauf zurückzuführen, dass wir auf die unbewussten Signale einer neuen Bekanntschaft reagieren, die die gleiche Dysfunktion hat wie einer unserer Elternteile. Es ist der tief sitzende Wunsch, diesen Elternteil so zu verändern, dass er uns das Gefühl gibt, geliebt zu werden. Wenn unser neuer Liebespartner diese Fantasie nicht erfüllen kann, weil sein oder ihr Herz aufgrund nicht geheilter Trauma-Symptome verschlossen ist, sind wir enttäuscht.
Wenn Sie sich selbst lieben, werden Sie sich die Zeit nehmen, den neuen Partner besser kennenzulernen, bevor Sie sich ganz auf die Beziehung einlassen. Sie prüfen Ihre eigenen Gefühle, um zu sehen, ob dieser Mensch Ihr emotionales, intellektuelles und spirituelles Wachstum fördern würde. Wenn Sie deutliche Warnsignale bemerken (zum Beispiel ein Mangel an Ethik oder Selbsterkenntnis oder die Tendenz, die Schuld auf andere bzw. ein Drogenproblem zu schieben), werden Sie sich von der Beziehung distanzieren, anstatt sich darauf einzulassen.

Sucht-Beziehungen

Wenn bei Ihnen eine Neigung zu Suchtverhalten vorliegt, haben Sie unter Umständen eine »Sucht-Persönlichkeit«. Das bedeutet, Sie übertreiben alles, um sich besser zu fühlen. Darüber hinaus ist vielleicht eine genetische Veranlagung für Alkoholsucht oder Drogenmissbrauch gegeben (zum Beispiel wenn ein anderes Mitglied der Familie die gleichen Probleme hat).
Bei Personen, die zu Suchtverhalten neigen, können selbst eine kleine Menge Alkohol oder Drogen eine starke emotionale

Wirkung haben und ihr Herz verschließen. Menschen, die sich vom Leben überwältigt fühlen und es als zu schmerzvoll empfinden, neigen häufig dazu, sich mit chemischen Substanzen zu betäuben.
Wenn Sie in einer Beziehung mit jemandem sind, der süchtig ist (nach Alkohol oder Drogen), wird Ihr Bedürfnis nach Liebe nicht erfüllt. Der oder die Betreffende ist nicht in der Lage, Ihnen die Liebe zu geben, nach der Sie sich sehnen (und die Sie *verdienen*), da seine oder ihre eigenen Emotionen chemisch betäubt sind.
Mehr noch, wenn Menschen high, betrunken oder verkatert sind, tun und sagen sie oft Dinge, die sie im nüchternen Zustand nie tun oder sagen würden. Diese dramatischen Eskapaden können zu einer emotional leidvollen Beziehungs-Achterbahn führen, einschließlich zahlreicher Trennungen und Versöhnungen mit der gleichen Person.
Ein Anzeichen für Sucht-Liebe ist auch, dass Sie sich ständig mit jemand Neuem treffen – egal mit wem –, weil Sie Angst haben, allein zu sein, und weil Sie verzweifelt auf der Suche nach Liebe sind. Kurze Beziehungen und One-Night-Stands basieren auf der Sucht nach Liebe.
Wenn die Sucht beginnt, sich negativ auf Ihre Karriere, Ihr Einkommen, Ihren Ruf, Ihre Gesundheit oder andere wichtige Aspekte Ihres Lebens auszuwirken, ist vielleicht professionelle Suchthilfe nötig. Suchtspezifische Psychotherapie und Unterstützung durch eines der Zwölf-Schritte-Programme sind bewährte Formen der Hilfe.

Das »Mr. Darcy«-Syndrom

Ich habe viele Jahre als Sucht-Therapeutin gearbeitet und großes Vertrauen in den psychotherapeutischen Prozess. Warum also habe *ich selbst* schmerzhafte Beziehungen erlebt angesichts der Tatsache, dass ich ausgebildete Therapeutin und eine intuitive Frau bin, deren Eltern nach wie vor eine gesunde Ehe führen? Ich hätte es doch eigentlich besser wissen müssen, oder nicht?

Vielleicht haben auch Sie sich, wie ich in der Vergangenheit, zu »bösen Jungs« (oder »bösen Mädchen«) hingezogen gefühlt. Das ist mit Sicherheit Teil des Trauma-Drama-Stress-Suchtkreislaufs. Es gibt nur wenige Dinge im Leben, die stressiger sind als ein Liebespartner, bei dem wir auf Anhieb wissen: »Oh, oh, das wird schwierig!«, und uns dennoch darauf einlassen!

In dem Roman *Stolz und Vorurteil* von Jane Austen schlägt Lizzie Bennets Herz bis zum Hals vor Aufregung, als sie den grimmigen Mr. Darcy sieht, der sie ignoriert. Unser eigenes Herz schlägt schneller, wenn wir das lesen. Obgleich Mr. Darcy im Laufe der Zeit weicher wird und sich für Lizzie erwärmt, fahren im wirklichen Leben die meisten bösen Buben und bösen Mädchen in Liebesbeziehungen mit ihrer defensiven *Es-ist-mir-egal-was-du-denkst*-Attitüde fort.

Warum also fühlen wir uns zu diesen Menschen hingezogen? Forscher sagen, dass heterosexuelle Frauen aufgrund ihres uralten Bedürfnisses nach einem starken Versorger und Beschützer sich von »harten Jungs« angezogen fühlen.

Warum fühlen wir uns zu »bösen Buben« und »bösen Mädchen« hingezogen?

Darüber hinaus bieten Beziehungen mit bösen Buben oder bösen Mädchen gelegentliche, wenn auch unberechenbare Vorteile, ähnlich einem Glücksautomaten im Kasino. Man weiß nie, wann die Beziehung uns mit romantischer Liebe und Auf-

merksamkeit – oder eiskalter Bestrafung überraschen wird. Dies führt zu einer Sucht nach der toxischen Beziehung.
Beziehungen mit bösen Buben oder Mädchen sind durch psychologischen Missbrauch geprägt, bei dem Sie sich in der Regel selbst die Schuld geben für die negative Stimmung oder das Desinteresse Ihres Partners. Wenn der oder die Betreffende zudem ein Alkoholproblem hat oder Drogen konsumiert (was bei bösen Buben und Mädchen häufig der Fall ist), wird die Beziehung sogar noch explosiver.
Unser Wohlfühl-Hormon Dopamin wird im Gehirn freigesetzt, wenn Situationen unberechenbar sind, wie es zum Beispiel bei einer von Drama erfüllten Beziehung der Fall ist. Außerdem wird Dopamin ausgeschüttet, wenn wir eine mögliche Belohnung erwarten, wie zum Beispiel die Zähmung eines bösen Buben oder Mädchens. Das ist der Grund, warum die Aufregung über etwas, das in der Zukunft eintreten könnte, eine suchterzeugende Erfahrung ist.
Zudem haben Forscher herausgefunden, dass wir alle die uns innewohnende Überzeugung hegen, etwas sei umso wertvoller, je schwieriger es zu erreichen ist. Auf irgendeiner Ebene lieben wir alle eine Herausforderung. Was dazu führt, dass wir den netten-aber-vorhersehbaren Menschen ignorieren, der uns Liebe schenken möchte, und uns lieber dem unberechenbaren und unzuverlässigen bösen Buben oder bösen Mädchen zuwenden … bis wir oft genug verletzt wurden und lernen, eine stabile und zuverlässige Beziehung zu schätzen.
Darüber hinaus existiert die feste Überzeugung, dass eine sichere und vorhersehbare Beziehung langweilig ist. Sie lernen also einen »netten Mann« oder eine »nette Frau« kennen, und Sie gähnen vor lauter Desinteresse und wenden sich der nächsten Person zu, die Ihr Herz bis zum Hals schlagen lässt.
Diese physische und energetische Verbindung wird »Chemie« genannt; doch wenn Ihr Liebes-Radar so eingestellt ist, dass es

nur von unerreichbaren und lieblosen Personen aktiviert wird, dann ist diese »Chemie« *nicht* der richtige Weg, um einen passenden Partner zu finden.
Menschen, die traumatisiert sind, übersehen oft Warnsignale, wenn sie jemand Neuen kennenlernen. Schlechte Laune, eine gewalttätige Vorgeschichte und ein rauer Umgangston sind Zeichen, dass Sie einen Menschen vor sich haben, der zu Gewalt und Missbrauch neigt. Doch wenn Sie Ihre Gefühle ausschalten, werden Sie diese Gefahrensignale vielleicht nicht beachten … oder sie sogar aufregend finden.
Darüber hinaus sind diese Personen Experten darin, sich sanftmütig zu geben, in der Absicht, andere zu verführen. Daher ist es von wesentlicher Bedeutung, alle Beziehungen behutsam angehen zu lassen, bis Sie den wahren Charakter des anderen kennenlernen können. Fragen Sie ihn oder sie, wie seine oder ihre letzte Beziehung zu Ende gegangen ist, und achten Sie sehr genau auf die Antwort. Wenn Sie hören, dass er oder sie der anderen Person die Schuld an allem gibt und keinerlei Verantwortung für die Beziehungsprobleme übernimmt, können sie davon ausgehen, dass auch *Ihnen* bei eventuellen Problemen die Schuld zugeschoben wird.

R. E. S. P. E. K. T.

Gegenseitiger Respekt ist essenziell für eine glückliche, gesunde, langwährende Beziehung. Eine Studie kam zu dem Schluss, dass Paare, die respektlos miteinander umgingen, eher dazu neigten, nach einem Streit länger getrennte Wege zu gehen als Paare, die sich gegenseitig respektieren. Respekt für den anderen schafft die Möglichkeit, ehrlich zu kommunizieren, den Streit hinter sich zu lassen und Heilung zu finden.
Den Kommunikationsprozess zu respektieren ist von entscheidender Bedeutung, nicht nur für die Beziehung, sondern auch

für die Gesundheit beider Partner. Eine Untersuchung über die verschiedenen »Formen des Streitens« bei Paaren kam zu dem Ergebnis, dass in dem Moment, wenn ein Partner dicht macht und sich der Konversation entzieht oder sich entfernt, beide Partner physisch leiden. Erhöhte Stresshormone, verletzte Gefühle aufgrund von Ablehnung und Veränderungen im Blutdruck waren die krank machenden Resultate.

Respekt beruht auf Gegenseitigkeit. Wenn Sie von Trauma-Symptomen heilen, werden Sie sich jeglicher Neigung, Ihrem Ärger freien Lauf zu lassen, bewusst sein – und ihn für sich behalten müssen.

Jedes Mal, wenn zwei oder mehr Menschen zusammenkommen, wird es zwangsläufig zu Meinungsverschiedenheiten führen. Wichtig ist nicht, *ob* Sie einen Konflikt haben, sondern *wie* Sie damit umgehen.

Warum es besser ist, allein zu sein, als in einer ungesunden Beziehung

Ein Grund, warum wir uns mit ungesunden, negativen Beziehungen zufriedengeben, ist die Angst vor dem Alleinsein. Der große Philosoph und Mathematiker Blaise Pascal hat es am besten in Worte gefasst: »Alle Probleme der Menschheit haben ihren Ursprung in der Unfähigkeit des Menschen, allein still in einem Raum zu sitzen.« Das trifft sowohl auf Männer als auch auf Frauen zu, und wahrscheinlich ebenso auf Kinder.

Warum ist es schwierig, allein zu sein? Der Hauptgrund ist der, dass Sie noch keine innige Freundschaft zu sich selbst aufgebaut haben. Wenn Sie …

- Ihre Versprechen sich selbst gegenüber halten
- Gut auf Ihren Körper achten

- Sich nicht selbst betrügen
- Sich nicht selbst überfordern
- Ausruhen, wenn es nötig ist
- Spaß haben
- Sich selbst beschenken
- Sich selbst ehrliche Komplimente machen
- Ihre Zeit auf sinnvolle Weise verbringen

... dann werden Sie sich selbst so behandeln, wie Sie es sich von einem besten Freund wünschen. Sie werden es lieben, Zeit allein zu verbringen, wenn Sie Ihre eigene Gesellschaft genießen und freundlich mit sich selbst umgehen – genauso wie Sie die Gesellschaft anderer genießen, die freundlich zu Ihnen sind.

Allein zu sein ist besser als in einer ungesunden Beziehung zu bleiben, die mit feindseligem Drama erfüllt ist, vor allem wenn Ihr Partner sich weigert, sich seine oder ihre Probleme anzuschauen oder kein Interesse an einer gemeinsamen Therapie hat.

Wenn es in einer solchen Partnerschaft Kinder gibt, tut es ihnen gut, den Streit und das ganze Unglück nicht miterleben zu müssen. Sorgen Sie jedoch dafür, an den tiefer liegenden Gründen zu arbeiten, warum Sie dies Beziehung überhaupt erst eingegangen sind, sonst besteht die Gefahr, dass Sie früher oder später eine andere Beziehung mit der gleichen dysfunktionalen Dynamik eingehen.

Wo ist Er (Sie)?

Wenn Sie momentan Single sind, beseelt von dem Wunsch nach einer gesunden Liebesbeziehung, werden Sie sich vielleicht fragen, wo Sie einen emotional gesunden Partner finden können. Zunächst einmal sorgen Sie dafür, dass Sie an den zugrunde liegenden Problemen arbeiten, die Sie bislang zu ungesunden, negativen Beziehungen getrieben haben. Achten Sie zudem darauf, nicht Ihrem Ex-Partner die alleinige Verantwortung für das Versagen Ihrer früheren Beziehung zu geben. Solange es sich nicht um eine arrangierte Ehe handelte, waren Sie es, der diesen Partner gewählt hat oder einverstanden war, mit ihm oder ihr zusammen zu sein.

Die Verantwortung für Ihre früheren Entscheidungen zu übernehmen bedeutet allerdings nicht, sich selbst schuldig zu sprechen. Vorwürfe und Schuldgefühle sind nie hilfreich, doch die Gründe für Ihre Entscheidungen zu verstehen, ist unbedingt erforderlich. Diese Information hilft Ihnen, sich selbst zu verstehen und verbessert Ihre Chancen, aus dem alten Verhaltensmuster auszubrechen.

Sie werden sehen, wann Sie bereit sind für eine gesunde, erfüllende Liebe, indem Sie Ihre Handlungen genau beobachten. Wenn Sie sich weiterhin zu unerreichbaren, süchtigen oder auf andere Weise unpassenden Partnern hingezogen fühlen, ist das ein Zeichen, dass Sie noch nicht ganz »reif« und bereit sind für eine neue und gesunde Art der Beziehung. Also zurück in die Therapie.

Sie sind wie eine Rose, die erblühen wird, wenn der richtige Zeitpunkt gekommen ist. Sie können nicht mit Gewalt versuchen, Ihre Blütenblätter der Beziehungsbereitschaft zu öffnen. Im Gegenteil, wenn Sie verzweifelt auf der Suche nach Liebe sind, ist das ein Hinweis auf verborgene Ängste, denen Sie sich stellen müssen.

Es ist ungesund, nach einem Partner Ausschau zu halten, der Ihr Leben »reparieren« und in Ordnung bringen wird. Diese Herangehensweise wird nur einen co-abhängigen Retter anziehen, und in einer solchen angstbasierten Beziehung wird Ihr Bedürfnis nach Liebe nicht gestillt. Stattdessen müssen Sie zuerst sich selbst retten … damit Sie eine auf Liebe (und nicht auf Angst) basierte Beziehung mit einem gesunden Partner eingehen können.

Also nutzen Sie diese Zeit als Single, um zu reparieren, was immer in Ihrem Leben repariert werden muss: Bezahlen Sie Ihre Schulden; bringen Sie Ihre Karriere in Bewegung; arbeiten Sie am Thema »Vergebung«; sorgen Sie gut für Ihren Körper, und so weiter. Sie werden sich wesentlich besser fühlen, und Ihr neues Selbstvertrauen wird auf einen emotional zuverlässigen Liebespartner anziehend wirken.

Wir alle haben Angst, verletzt zu werden. Die Frage ist: Wie werden Sie mit diesen Ängsten umgehen? Die *gesunde* Antwort lautet: »Ich werde die Ängste wahrnehmen und verstehen, mich jedoch nicht von ihnen kontrollieren lassen.« Die *ungesunde* Antwort lautet: »Ich werde das Risiko, verletzt zu werden, nicht eingehen. Dazu gehört auch, dass ich nicht riskiere, mich meinen Ängsten zu stellen, weil das für mich potenziell schmerzhafte Wahrheiten enthüllen würde.«

Ihre Entscheidungen in Bezug auf Liebespartner zeigen, wie Sie mit Ihren Ängsten umgehen. Obwohl Sie vielleicht zu Beginn einer Beziehung glauben, dass Ihr Auserwählter wundervoll ist, sind ungefähr sechs Monate nötig, damit jemand seine Vorsicht aufgibt und sein oder ihr wahres Gesicht zeigt.

Ihre Freunde erkennen wahrscheinlich schnell den wahren Charakter Ihres potenziellen Partners. Wenn Ihre Freunde Sie vor dem Betreffenden warnen, hören Sie genau hin! Vielleicht glauben Sie, dass die anderen eifersüchtig sind und Ihren romantischen Traum zerstören wollen. Doch wenn diese Personen sich in der Vergangenheit als echte Freunde erwiesen haben, können Sie davon ausgehen, dass ihre Warnungen echter Besorgnis entspringen. Vertrauen Sie ihnen!

Tatsächlich können Sie über ihre Freunde am besten neue potenzielle Partner finden. Eine Untersuchung mit lange verheirateten Paaren zeigte, dass sich die meisten über Freunde kennengelernt hatten. Das leuchtet ein, denn schließlich haben Sie und Ihre Freunde die gleichen Interessen, was bedeutet, dass Sie auch mit *deren* Freunden bestimmte Eigenschaften teilen. Also schmeißen Sie eine Party und bitten Sie Ihre Freunde, andere Freunde mitzubringen (einschließlich nicht anderweitig gebundener Geschwister).

So wie über Ihre Freunde können Sie potenzielle Partner auch in Kursen, Gruppen und Klubs (nicht Nachtclubs) kennenlernen, die mit Ihren Interessen zu tun haben. Es geht darum, soziale Ängste so weit zu überwinden, dass Sie an diesen Treffen teilnehmen können, und dann den Mut zu haben, jemanden anzulächeln und »Hallo« zu sagen. Selbst wenn Sie in diesen Gruppen keinen potenziellen Liebespartner entdecken, finden Sie vielleicht einen wundervollen neuen Freund. Und wer weiß? Vielleicht ist der Bruder oder die Schwester dieses neuen Freundes für Sie genau der oder die Richtige!

Kapitel 14

Sich selbst treu bleiben innerhalb der Familie

Die meist gestellte Frage, die ich nach der Veröffentlichung meines Buches *NEIN sagen mit den Engeln der Erde* erhielt, lautete: »Wie kann ich mit meinen Familienmitgliedern umgehen, die mich immer wieder verletzen?« Dieses Kapitel wird die Frage beantworten.

Posttraumatischer Stress wird innerhalb einer Familie häufig von einer Generation zur anderen weitergegeben. Wenn zum Beispiel Ihr Urgroßvater aufgrund seiner Teilnahme am Krieg traumatisiert war, hat er sich vielleicht emotional seiner Frau (Ihre Urgroßmutter) und seinem Sohn (Ihr Großvater) entzogen. Dann wuchs Ihr Großvater, der nur wenig Kontakt mit seinem Vater hatte, zu einem ebenso emotional distanzierten Mann heran. Dies wiederum wirkte sich entsprechend auf Ihren Vater aus, und jetzt haben *Sie* damit zu kämpfen.

Darüber hinaus können Sie traumatisiert werden, wenn Sie grauenhafte Einzelheiten von Familienmitgliedern erfahren, die über ihre Traumata reden. Eine europäische Studie zu diesem Thema kam zu dem Schluss: »Posttraumatische Belastungsstörung (PTBS) bei männlichen Kriegsveteranen geht mit Dysfunktionen innerhalb der Familie und Psychopathologie bei ihren Kindern einher« (Marsanic et al. 2014).

Dies ist ein wichtiger Grund für Erwachsene, zum einen sehr vorsichtig zu sein, wenn sie in Anwesenheit von Kindern über Traumata reden, und zum anderen darauf zu achten, dass die Kinder sich keine Nachrichten oder Videos über Katastrophen jedweder Art ansehen. Wenn Kinder solchen Bildern ausgesetzt werden, sollte ein verantwortungsbewusster Erwachsener ihnen helfen, das Geschehen zu verarbeiten und die traumatisierenden Informationen zu erklären.

Kampf mit den Geistern der Vergangenheit

Wenn Sie ein Trauma erlitten haben, kann es sein, dass Sie emotionale Flashbacks erfahren, die Sie ein vergangenes Beziehungsmuster erneut erleben lassen, so als würde das Geschehen jetzt stattfinden. Wenn Sie das Gefühl haben, dass Ihre familiären Beziehungen wie Alpträume sind, die sich wiederholen, rührt das wahrscheinlich daher, dass Sie mit Bruchstücken aus der Vergangenheit kämpfen. Die Streitereien geschehen automatisch, und niemand weiß, was er tut. Das trifft vor allem dann zu, wenn Ihre Familienmitglieder darüber hinaus posttraumatische Symptome zeigen. In diesen Fällen handelt es sich um einen Gruppen-Flashback in Form eines Streits.

Wie der Trauma-Experte und Arzt Bessel van der Kolk schreibt:

> *»Ein Mensch, dessen grundlegende Beschäftigung darin besteht, bereit zu sein für den nächsten Angriff, wird sich zudem ständig Gedanken über das Überleben machen. Das kann von obsessiver Wut gegen reale und imaginäre Angreifer bis zu der nie endenden Angst vor Ablehnung und dem Verlassenwerden führen«* (van der Kolk 2011).

Man kann es fast mit halluzinierten Angriffen vergleichen, die Sie überfallen. Unglücklicherweise ist das, was Sie erwarten, genau das, was Sie erzeugen oder anziehen.
Wenn Sie selbst auch traumatisiert sind, besteht die Gefahr, dass Sie sich den fixen Gedanken eines Familienmitglieds, die ganze Welt habe sich gegen einen verschworen, zu eigen machen. Die Frage ist: Schließen Sie sich jener Person bei dieser nicht realen Angriffs-Fantasie an, weil Ihr eigener traumatischer Hintergrund zu einer Dissoziation führt? Oder helfen Sie der betroffenen Person tatsächlich, indem Sie sie vor dem Abgrund zurückhalten, der nur in ihrem Kopf existiert? Die Antwort lautet: Schlagen Sie den Weg ein, der für Sie selbst am gesündesten ist. Indem Sie stärker werden und Ihr inneres Strahlen zurückgewinnen, können Sie anderen besser helfen, es Ihnen gleichzutun.

Wenn unsere Gefühle verletzt werden

Wir können versuchen, unsere Gefühle mit Sätzen wie diesen zu besänftigen: »Wir können nicht die Reaktionen anderer Menschen kontrollieren, nur unsere Reaktion auf sie« und »Nehmen Sie nichts persönlich, denn die Handlungen der anderen sind eine Reflexion ihrer eigenen Person und haben nichts mit Ihnen zu tun.«
Diese Maximen können uns dabei unterstützen, die Handlungen eines anderen Menschen zu verstehen und richtig einzuordnen, was hilfreich sein kann.
Dennoch, kränkende Worte oder Taten können unseren Intellekt umgehen und sich direkt auf unsere Emotionen auswirken, die durch diese Lieblosigkeit verletzt werden, es sei denn, wir haben uns mit chemischen Stoffen oder Essen betäubt … und wir möchten nicht länger auf diese ungesunde Weise mit unseren Gefühlen umgehen!

Also wollen wir erforschen, wie wir unser Herz offen halten und Gefühle zulassen können, während wir uns gleichzeitig gegen übermächtigen emotionalen Schmerz schützen.

Die Wissenschaft der verletzten Gefühle

Viele wissenschaftliche (physiologische) und psychologische Studien haben versucht, verletzte Gefühle zu messen und zu verstehen. Es gibt sogar eine wissenschaftliche Definition verletzter Gefühle von Mark Leary, Professor an der Duke University, der das Thema ausführlich untersucht hat:

> *»Vermeintliche Beziehungs-Abwertung (oder niedrige Beziehungs-Bewertung) bedeutet, das Ziel (die Person mit verletzten Gefühlen) glaubt, dass der Angreifer die Beziehung als weniger wertvoll, wichtig oder eng betrachtet, als sie es möchte.«* (Leary und Springer 2000)

Wenn also jemand in Ihrer Familie etwas sagt oder tut, das Sie als abwertend interpretieren, tut das weh! Das Schlüsselwort hier ist *interpretieren*, denn wie die Wissenschaftler bestätigen: »Verletzte Gefühle resultieren aus der Interpretation der Zielperson hinsichtlich der Aktionen des Partners.«
Sie sollten Ihre verletzten Gefühle auf keinen Fall unterdrücken. Schließlich besteht eine Wechselbeziehung zwischen emotionalem Missbrauch und geschwächtem Immunsystem. Wissenschaftler glauben, dass viele Menschen vorzeitig sterben aufgrund der kräftezehrenden, gesundheitsschädigenden Wirkungen emotionalen Missbrauchs, dem sie ausgesetzt waren.

Was ist emotionaler Missbrauch?

Auch bekannt als psychologischer, verbaler oder mentaler Missbrauch, ist emotionaler Missbrauch ein Zustand, bei dem

Sie wiederholt verletzt werden, indem Sie immer wieder folgenden Angriffen ausgesetzt sind:

- **Herabsetzungen.** Beschimpfungen, Fluchen und Anschuldigungen, dass Sie nicht gut genug sind und dass irgendwas mit Ihnen falsch ist (dazu gehören auch Unterstellungen oder »scherzhafte« Anschuldigungen).
- **Manipulationen.** Aufmerksamkeit, Zuneigung oder Bestätigung werden vorenthalten, bis Sie die Wünsche der Person erfüllen. Jemand spielt grausame Psychospielchen mit Ihnen.
- **Drohungen.** Die andere Person droht, Ihnen oder jemandem, den Sie lieben, auf irgendeine Weise Schaden zuzufügen, wenn Sie nicht ihren Wünschen nachkommen. Es kann sich auch um eine Person handeln, die droht, sich selbst zu verletzen und behauptet, dass es Ihre Schuld ist.
- **Ausbeutung.** Die andere Person benutzt Sie für ihre eigenen Bedürfnisse (zum Beispiel indem sie Sie antreibt, zu arbeiten, während sie von Ihrem Einkommen lebt; indem sie Sie anstiftet, zu ihrem Nutzen etwas Gesetzeswidriges, Unmoralisches oder etwas, das gegen Ihre Überzeugungen verstößt, zu tun; oder indem sie Sie bestiehlt).
- **Vorwürfe.** Die andere Person sagt oder impliziert, dass alles Ihr Fehler ist.
- **Unterdrückung.** Eingeschüchtert sein von einem lauten Schwall wütender Worte, bis Sie seinem oder ihrem Willen nachgeben.

Wenn Sie in der Vergangenheit ein Trauma erlitten haben, werden Sie wahrscheinlich die schmerzhaften Auswirkungen des emotionalen Missbrauchs minimieren wollen. Wenn verbaler Missbrauch auch keine sichtbaren blauen Flecke zurücklässt, führt er definitiv zu mentalen und emotionalen Narben. Sie fühlen sich ungeliebt, kontrolliert und gefangen. Das ständige Herabsetzen und Manipulieren schafft eine ungesunde Atmosphäre der Angst, mit der niemand leben kann oder zu leben gezwungen sein sollte.

Wenn Sie eine laufende Beziehung als emotional missbräuchlich erkennen, ist es unbedingt notwendig, umgehend Hilfe durch einen Therapeuten, eine Gruppentherapie oder eine Hotline für häusliche Gewalt zu suchen. Es geht nicht darum, den Täter zu ändern, es geht darum, dass Sie in Sicherheit und gesund sind.

Mit Grobheit umgehen

Grobheit wird mit Narzissmus und Zwangsstörungen assoziiert. Wie Sie sich erinnern werden, stecken Narzissten im »Kampf«-Modus fest; sie sind innerlich wütend über den Schmerz, den ihr Trauma verursacht hat, und möchten es der Welt heimzahlen… einschließlich Ihnen. Außerdem möchten sie jeden und alles kontrollieren, um zukünftiges Trauma zu vermeiden. Dem Ganzen liegt die fundamentale Angst zugrunde, nicht geliebt und allein gelassen zu werden.

Menschen mit einer Zwangsstörung sind infolge ihres Traumas im »Flucht«-Modus gefangen. Ihre durch das Trauma verursachten Ängste haben sich verallgemeinert, und es gibt den unbewussten Glaubenssatz, dass das Trauma nicht passiert wäre, wenn sie perfekt gewesen wären. Also sind sie besessen von der Idee, sich selbst und ihr Zuhause zu perfektionieren… und auch ihre Freunde und Familie, weil sie überzeugt sind, dass Perfektion allen Sicherheit garantiert. Das ist der Moment, wo Grobheit ins Spiel kommt, bei der es

sich um eine fehlgeleitete Möglichkeit handelt, mit anderen Menschen umzugehen.
Narzissten sind sich nicht der Gefühle oder Reaktionen anderer auf ihre kontrollierende und wütende Art des Umgangs bewusst, und es interessiert sie auch nicht. Sie sind wie Kleinkinder, ausschließlich darauf fokussiert, ihre eigenen Ängste zu beruhigen.
Zwangsgestörte Personen sorgen sich um die Gefühle anderer, doch nur, weil sie wie Schulkinder wissen wollen, ob sie selbst perfekt sind oder nicht. Wenn sie feststellen, dass sie Ihre Gefühle verletzt haben, sind sie getroffen und haben Angst, weil dies zeigt, dass sie *nicht* perfekt sind… und daher verletzbar und in Gefahr. Darüber hinaus fühlen sie sich missverstanden, da sie in ihren Augen nur versuchen, *Ihnen* zu helfen, sicher zu sein, indem sie Sie zur Perfektion ermutigen.

Vier Arten von Grobheiten

Entsprechend umfangreicher Forschungen von Dr. Michael Cunningham von der University of Louisville, USA, gibt es vier generelle Arten von Grobheiten, die er »soziale Allergene« nennt, weil wir alle emotional allergisch und abgestoßen sind von diesen Verhaltensweisen:

1. **Ungehobelte Manieren.** Beispiele sind lautes Kaugummikauen, Rülpsen, Furzen und so weiter, häufig absichtlich gegen Sie gerichtet. Sofern der Betreffende nicht passiv-aggressiv ist (ein passiv-aggressiver kleiner Bruder mag sich so verhalten, um Sie zu ärgern), ist diese Art der Grobheit entweder eine Folge von Ignoranz, Unwissenheit oder Gleichgültigkeit. Das ist etwas anderes, als wenn jemand eine unbeabsichtigte körperliche Reaktion hat (Rülpsen oder Furzen), besonders wenn es auf eine Krankheit zurückzuführen ist.

2. **Egozentrische Handlungen.** Die Handlungen des anderen missachten Ihre Grenzen und zeigen mangelnden Respekt Ihnen gegenüber, zum Beispiel wenn jemand nur über sich selbst spricht (narzisstisch) und nie fragt, wie es *Ihnen* geht.
3. **Missachtung von Regeln.** Dies sind Verhaltensweisen, die nicht gegen Sie gerichtet sind, aber Sie dennoch beleidigen, wie beispielsweise laut geführte Konversationen im Kino.
4. **Absichtliche und persönliche Grobheit.** Dazu gehört, dass Ihnen befohlen wird, Dinge zu tun, Sie öffentlich schlecht gemacht werden und andere Formen verbalen Missbrauchs.

Wenn Ihre Familie sich grob verhält

Viele Menschen fragen sich, wie sie Zeit mit ihrer Familie verbringen sollen, wenn sich eine oder mehrere Personen grob und Grenzen überschreitend verhalten. Einerseits müssen Sie sich vor dem Missbrauch schützen, der Gift ist für Ihre mentale, emotionale und physische Gesundheit. Doch andererseits handelt es sich um Ihre Familie! Wenn Sie sie meiden, können Schuldgefühle und Kummer genauso kräftezehrend sein wie die Wut und Kränkung, wenn Sie mit ihnen zusammen sind. Diese Dynamik wird noch verstärkt, wenn Sie beschimpft und geächtet werden, weil Sie Ihrer Familie aus dem Weg gehen.
Es gibt keine allgemein gültige Lösung für dieses Problem. Jede Beziehung erfordert eine unterschiedliche Herangehensweise, abhängig von:

- **Ihrer Konfliktfähigkeit.** Haben Sie Angst vor Konflikten und meiden jegliche Konfrontation? Oder stören Konflikte und Konfrontationen Sie nicht? (Achten Sie auf Konfliktsucht als Teil der Sucht nach Drama, da

Zwietracht süchtig machende Stresshormone und Dopamin auslöst).

- **Wie Schuldgefühle sich auf Sie auswirken.** Werden Sie von Schuldgefühlen kontrolliert oder sind Sie in der Lage, sie hinter sich zu lassen?

Ihr persönlicher Stil wird Einfluss darauf haben, wie Sie mit Grobheit oder Missbrauch innerhalb Ihrer Familie umgehen. Denken Sie daran: Wichtig ist nicht, die andere Person zu ändern oder dazu zu bringen, sich bei Ihnen zu entschuldigen. Vielmehr geht es darum, dass Sie sich selbst helfen, auf gesunde Weise mit den Dynamiken in Ihrer Familie umzugehen. Auch wenn Sie sich danach sehnen, von Ihren Familienmitgliedern geliebt und geschätzt zu werden, werden diese unter Umständen nicht fähig sein, diese Bedürfnisse zu erfüllen. Davon zu träumen, dass sich Ihre Familie eines Tages aus irgendwelchen Gründen ändern wird, endet mit großer Sicherheit in einer Enttäuschung.

Denken Sie daran: Wichtig ist nicht, die andere Person zu ändern oder dazu zu bringen, sich bei Ihnen zu entschuldigen. Vielmehr geht es darum, dass Sie sich selbst helfen, auf gesunde Weise mit den Dynamiken in Ihrer Familie umzugehen.

Also wollen wir uns Möglichkeiten für den Umgang mit Familienmitgliedern anschauen, deren Aktionen verletzte Gefühle auslösen, einschließlich der Vor- und Nachteile jeder einzelnen Methode:

– **Distanz aufbauen:** Sie könnten woanders hinziehen und nur noch via Computer-Chats kommunizieren und alle paar Jahr mal an einem Familientreffen teilnehmen.

Vorteile: Sie haben weniger häufig mit schmerzhaften Gefühlen, Missbrauch und/oder Drama zu tun.

Nachteile: Unter Umständen werden Sie Verwandte vermissen, die sich nicht ausfallend verhalten; oder Sie wollen ein unschuldiges Mitglied der Familie beschützen, von dem Sie wissen, dass es genauso verletzt wird wie Sie.

– **Konfrontation:** Egal was passiert, Sie werden Ihrer Familie genau sagen, was Sie über sie denken.

Vorteile: Sie bringen Ihre Gefühle zum Ausdruck, und die anderen wissen genau, was Sie denken und fühlen (selbst wenn Sie es nicht verstehen oder Ihnen nicht zustimmen).

Nachteile: Wut auszudrücken wirkt nicht befreiend, wenn Sie das Problem nicht lösen können. Eine direkte Konfrontation mit einem wütenden Alkoholiker oder Drogensüchtigen ist potenziell gefährlich und kann zu körperlicher Gewalt führen. Eine Konfrontation kann die Kommunikation und den Kontakt mit der Familie noch unmöglicher machen.

– **Selbstbehauptung:** Sie bringen Ihre Gefühle und Gedanken auf eine selbstbewusste Weise zum Ausdruck (indem Sie zu Ihren Gefühlen stehen, anstatt anderen Vorwürfe zu machen, und es auf eine ruhige, erwachsene und liebevolle Art tun).

Vorteile: Bestimmtes Auftreten hilft Ihnen, Ihre Gefühle selbstbewusster zu äußern. Diese Methode kann Ihnen helfen, die Angst vor Konflikten zu überwinden.

Nachteile: Wenn Sie erwarten, dass sich durch Ihr selbstbewusstes Vorgehen andere Personen verändern oder sich entschuldigen, werden Sie enttäuscht sein.

– **Trennung von der Familie:** Sie stellen jeglichen Kontakt ein. Sie reden nicht mehr mit Ihrer Familie und sehen sie nicht mehr.

Vorteile: Sie müssen künftig keine Angst mehr haben, persönlich in die Konflikte der Familie hineingezogen und von ihnen erneut verletzt zu werden.

Nachteile: Innerlich müssen Sie nach wie vor die Familienkonflikte verarbeiten, es sei denn, Sie machen eine Therapie, schließen sich einer Selbsthilfegruppe an oder unternehmen andere Schritte, um sich von den schmerzhaften Familienproblemen zu befreien. Unter Umständen werden Sie Mitglieder Ihrer Familie vermissen, die nicht an dem Konflikt beteiligt waren.

Um es noch einmal zu sagen: Es gibt keine allgemeingültige Lösung. Gewissenserforschung, kombiniert mit diversen Arten von Unterstützung (zum Beispiel durch einen Therapeuten oder eine Zwölf-Schritte-Programm-Vertrauensperson), kann Ihnen helfen, Lösungen für diese schwierige Situation zu finden.

Wie Sie bei Familienbesuchen Ihre Identität als Erwachsener beibehalten können

Falls Sie das Gefühl haben, Sie verlieren Ihre Identität als Erwachsener, sobald Sie mit Ihrer Familie zusammen sind, sorgen Sie dafür, bei Besuchen ein Objekt bei sich zu tragen, das Sie an Ihr gegenwärtiges Leben erinnert und Ihnen hilft, sich gestärkt zu fühlen und stolz zu sein auf alles, was Sie erreicht haben. Das könnte eine Mappe mit Arbeitsunterlagen sein, ein wissenschaftliches Buch, das Sie gerade lesen, eine Aufnahme Ihrer Lieblingsmusik oder Fotos von Ihnen, die zeigen, womit Sie gerade beschäftigt sind.

In manchen Fällen ist es angebracht, etwas mitzunehmen, das Ihrem inneren Kind während eines Familienbesuchs emotionalen Halt gibt, wie zum Beispiel ein kleines Plüschtier, eine Lieblingsdecke oder gegebenenfalls Ihren Schoßhund. Sie sollten vielleicht nicht unbedingt Ihre Schmusedecke oder Ihr Plüschtier vor aller Augen an sich drücken, doch könnten Sie auf diskrete Weise mal kurz zu Ihrem Auto gehen, um das tröstliche Objekt einen Moment zu halten und damit Ihre aufgewühlten Gefühle zu beruhigen.

Wenn Sie mit Personen zusammenleben, die unter einer posttraumatischen Belastungsstörung und Wutproblemen leiden, achten Sie darauf, Nahrung und Getränke mit niedrigem Histamin-Gehalt im Haus zu haben. Vermeiden Sie Alkohol, der metaphorisch gesprochen noch mehr »Öl ins Feuer gießt«. Ich habe ein paar entfernte Verwandte, mit denen ich nicht mehr verkehre, da bei ihnen in dem Moment, wenn sie ein Glas Wein tranken, eine Verwandlung von Dr. Jekyll in Mr. Hyde stattfand. Sofort fingen die Beleidigungen an, und ich ging auf der Stelle. Ich sehe diese Verwandten nur an Orten, wo kein Alkohol serviert wird, oder bei mir zu Hause, denn im nüchternen Zustand sind es sehr nette Leute.

Wenn Probleme mit Ihren Schwiegereltern auftauchen, ist es nur natürlich, dass Sie von Ihrem Ehepartner beschützt werden möchten. Das kann Sie in eine schwierige Situation bringen, wenn er oder sie sich aus Loyalität oder Angst auf die Seite der Familie stellt oder passiv bleibt und Ihnen nicht beisteht.

Es wäre realitätsfremd, Ihren Partner zu bitten, den Kontakt mit seiner Familie abzubrechen. *Sie* jedoch können es … oder zumindest den Kontakt auf ein Minimum reduzieren. Sagen Sie Ihren Schwiegereltern, dass Sie an dem betreffenden Tag keine Zeit haben, und dann benutzen Sie die freie Zeit, sich den Dingen zu widmen, die Ihnen wichtig sind.

Sie haben viele Möglichkeiten, mit verletzten Gefühlen umzugehen. Unter anderem können Sie die Sache auf ganz rationelle Weise angehen, um sich innerlich zu distanzieren und sich selbst zu sagen: *Da kann ich nichts machen, es sind einfach ihre Probleme*. Oder Sie können Mitgefühl zeigen, weil die Betroffenen durch ihr Trauma um ihren gesunden Menschenverstand gebracht worden sind. Sie können natürlich auch weinen, was eine befreiende Wirkung hat; oder selbstbewusst auftreten; oder die Personen nie mehr wiedersehen. Dies alles sind legitime Möglichkeiten.
Doch wie auch immer Sie das Ganze betrachten, die Situation wird Stresshormone in Ihrem Gehirn und Körper freisetzen. Und ein Teil der Bereitschaft, Verantwortung zu übernehmen, besteht darin, gut auf sich selbst zu achten. Also machen Sie so schnell wie möglich Yoga, hören Sie sanfte Musik, meditieren Sie, wählen Sie eine Ernährungsweise mit wenig Histamin und vermeiden Sie so gut es geht jede Art von chemischen Zusätzen.

Kapitel 15

Gesunde Beziehungen aufbauen

Als jemand, der ein Trauma erlitten hat, haben Sie vielleicht das Gefühl, als wären Sie anders oder weniger wert als Menschen, die Sie als normal betrachten. Manchmal liegt es daran, dass Sie Ihre inneren Gefühle damit vergleichen, wie jemand anders nach außen zu sein *scheint*. Dieser Vergleich ist nicht fair Ihnen selbst gegenüber, da die andere Person, die alles im Griff zu haben scheint, in Wahrheit vielleicht mit Unsicherheiten zu kämpfen hat.
Oder vielleicht sind Sie gehänselt, beleidigt oder beschimpft worden, mit dem Resultat, dass Sie sich schlecht gefühlt haben, so als wäre irgendetwas grundsätzlich falsch mit Ihnen.
Sich in Gesellschaft anderer ungeschickt, scheu und verletzlich zu fühlen, kann es schwierig machen, neue Freundschaften einzugehen und aufrechtzuerhalten. Wenn Sie erwarten, abgelehnt zu werden, fällt es Ihnen schwer, Kontakt mit einem möglichen neuen Freund aufzunehmen. Wenn Sie nicht mit sich selbst im Reinen sind, fällt es Ihnen schwer, ein Gespräch mit einem Menschen zu beginnen, den Sie noch nicht kennen.
Nun, Sie haben sich gesunde Freundschaften verdient. So wie jeder Einzelne von uns! Sie haben eine Menge Liebe zu geben und zu empfangen, was die Basis einer gesunden Beziehung ist.

Sie haben sich gesunde Freundschaften verdient.

Eine gesunde Freundschaft wird Ihr Leben *bereichern* und Ihnen Trost, Liebe und Unterstützung geben. Natürlich besteht immer die Möglichkeit, dass Konflikte entstehen, wenn zwei oder mehr Personen zusammen kommen. Doch in einer gesunden Beziehung wird der Konflikt mit Liebe und Ehrlichkeit behandelt, bis er gelöst ist.

Untersuchungen zeigen, dass mit Freunden verbrachte Zeit die Auswirkungen des Älterwerdens reduziert und die Zufriedenheit mit dem Leben sowie die gute Laune steigert. Wir sind soziale Wesen, die menschliche Gemeinschaft brauchen.

Der Schlüssel ist, Freunde zu finden, die ein positives Element in Ihr Leben bringen und mit denen sie eine wechselseitig gute Beziehung entwickeln können. Studien haben gezeigt, dass wir dazu neigen, Freunde zu suchen, die uns ähnlich sind, bis hin zu ähnlichen biologischen Eigenschaften. Wenn Sie also ein geringes Selbstvertrauen haben, werden Sie sich wahrscheinlich zu Menschen hingezogen fühlen, die auch unter einem mangelndem Selbstwertgefühl leiden.

Wie bereits an früherer Stelle erwähnt, besteht große Hoffnung für eine gesunde Freundschaft, wenn jemand sich seiner Probleme bewusst ist und daran arbeitet (das gilt auch für Sie). Wenn Sie bewusst vorgehen, können Sie ehrlich miteinander über Konflikte reden, ohne in eine Abwehrhaltung zu geraten. Sensitive Menschen sind oft ein Ziel für jene, die Freundlichkeit für Schwäche halten. In meinem Buch *NEIN sagen mit den Engeln der Erde* geht es ausschließlich um dieses Thema. Weil Trauma Ihre Sensitivität noch erhöht hat, müssen Sie sich der Warnzeichen bewusst werden, wenn Sie neue Menschen kennenlernen.

Falls Ihre früheren Freundschafts-Muster dysfunktional waren und Sie heruntergezogen haben, wird eine bewusste Anstrengung Ihrerseits nötig sein, um zu erkennen, dass Sie etwas Besseres verdient haben. Wie wir alle. Anstatt sich mit Personen einzulassen, die sich ihrer Probleme nicht bewusst sind, werden Sie sich selbst das Versprechen geben, nur mit Menschen zusammen zu sein, die an sich arbeiten.
Eine Möglichkeit damit zu beginnen, besteht darin, eine Liste der Qualitäten aufzustellen, die Sie sich bei einem Freund oder einer Freundin wünschen. Zum Beispiel:

- Fürsorglich
- Ein guter Zuhörer
- Anerkennend
- Loyal
- Ehrlich
- Arbeitet daran, sein oder ihr Leben zu verbessern

Listen über wünschenswerte Eigenschaften sind hilfreich, um Ihren Fokus richtig einzustellen, wenn Sie neue Menschen kennenlernen, was es weniger wahrscheinlich macht, dass Sie in alte Beziehungsmuster zurückfallen. Wenn Sie sich also verpflichten, nur noch Freundschaften mit ehrlichen Personen einzugehen, werden Sie nicht auf jemanden hineinfallen, der damit prahlt, wie er oder sie gelogen oder das Gesetz gebrochen hat. Vielmehr werden Sie diese Diskrepanz bemerken und sich selbst sagen: *Die Eigenschaften dieses Menschen passen nicht zu dem, was ich mir unter einer Freundschaft vorstelle*. Dann werden Sie weitergehen, um Menschen zu finden und mit ihnen zusammen zu sein, deren Moral der Ihren ent-

spricht. Es ist leichter, eine ungesunde Beziehung gleich zu Beginn zu beenden, als zu warten, bis sich eine tiefere Bindung entwickelt hat.
Allerdings gibt es einen Unterschied zwischen dem Aufstellen von Standards für Ihre Freundschaften und *unrealistischen Erwartungen*, die nur hinderlich wirken. Eine Möglichkeit, Beziehungen unmöglich zu machen (oder zu vermeiden), besteht darin, in Bezug auf Ihre Freunde und Familie perfektionistische Ideale zu hegen, die niemand erfüllen kann, was mit Sicherheit dazu führt, dass Sie allein bleiben.
Es gibt keine perfekten Menschen, nur Menschen, die entweder 1.) sich ihrer Probleme bewusst sind und aktiv daran arbeiten, oder 2.) sich ihrer Probleme weder bewusst noch bereit sind, sie zu betrachten oder daran zu arbeiten.

Wo und wie Sie die richtigen Freunde treffen können

Wir fühlen uns zu Personen hingezogen, mit denen wir Dinge gemeinsam haben. In der Vergangenheit sind Sie vielleicht unbewusst Verbindungen mit Menschen eingegangen, die wie Sie Tendenzen zur Sucht nach Drama hatten. Vielleicht sind Sie aufgrund der emotionalen Wunden, unter denen Sie beide litten, die Beziehung eingegangen.
Waren Sie überrascht, als Sie merkten, dass die Beziehung sich in erster Linie um Drama und Negativität drehte? Haben Sie all Ihre Zeit damit verbracht, sich gegenseitig Ihre neuesten Probleme zu erzählen? Und haben Sie nicht ein für alle Mal genug davon?
Untersuchungen zeigen, dass ständiges Reden über Probleme mit unseren Freunden zu Depressionen führt, die uns schwächen und daran hindern, an Lösungen zu arbeiten. Es ist gesund und hilfreich, mit guten Freunden über unsere Gefühle

zu sprechen, aber nicht, wenn es in eine ständige Orgie des Selbstmitleids ausartet, in der wir darüber jammern, ein Opfer zu sein, ohne eine Möglichkeit, die Situation zu verbessern. Gesunde, beglückende Freundschaften zu entwickeln bedeutet, gesunde Menschen zu finden, mit denen Sie sich anfreunden können. Und wo trifft man gesunde, positive Menschen? An *gesunden* Orten!
Gesunde Orte sind solche, wo Sie sich aktiv an segensreichen Aktivitäten beteiligen können. Zum Beispiel:

- Yoga-Studios
- Fitnesscenter
- Heilungszentren
- Buchläden
- Spirituelle Zentren
- Kirchen oder Tempel
- Gebetskreise
- Hundewiesen
- Wanderwege
- Meditationskurse
- Naturkosmetikstudios
- Wohltätigkeitsveranstaltungen
- Gesundheitsbewusste Restaurants
- Umweltfreundliche Geschäfte
- Waldorf- und Montessori-Schulen oder fortschrittliche Kindergärten

Ich sage nicht, dass jeder Mensch, den Sie an einem solchen Ort kennenlernen, emotional gesund ist – ganz und gar nicht! Jedoch ist Ihre Chance, geeignete und gesunde Freundschaften zu finden, viel größer, wenn Sie sich an Orten begegnen, die auf dem Gedanken der Selbstverbesserung basieren.

Klassen und Kurse gehören zu den besten Möglichkeiten, um dauerhafte Freundschaften zu formen, weil Sie fast sicher davon ausgehen können, Menschen zu treffen, die die gleichen Interessen haben wie Sie. Nehmen wir an, Sie wollten schon seit Langem mehr über Fotografieren, Schreiben, Fahrradfahren oder Sporttauchen erfahren. In fast jeder größeren Stadt gibt es Klubs und Vereine für diese Aktivitäten.

Es ist wesentlich leichter, Kontakt mit jemandem herzustellen, den Sie in einer fortlaufenden Klasse kennenlernen als in einer, die nur einen Tag dauert. In der Regel braucht es einen oder zwei Tage, um gesellschaftliche Hemmungen und die Nervosität abzulegen. Am dritten Tag beginnen die Teilnehmer dann, sich mehr zu vermischen. Sie können diese Klassen in Ihrer Volkshochschule oder Ihrem Gemeindezentrum finden. Viele Klassen und Kurse finden Sie auf internationalen Websites oder unter meetup.com; Sie können auch selbst eine gründen und Nachbarn einladen, die Ihre Interessen teilen. Sie werden überrascht sein, wie viele interessante Menschen in Ihrer Nähe wohnen!

Wenn Sie jemand Neuen kennenlernen, achten Sie auf Ihre körperlichen Reaktionen. Merken Sie, wie sich Ihre Muskeln im Kieferbereich oder im Bauch verspannen? Das kann ein Zeichen sein, dass der oder die Betreffende Sie einschüchtert.

Überprüfen Sie dieses Gefühl genauer und achten Sie darauf, ob Sie sich eingeschüchtert fühlen, weil Ihr Gegenüber sich wie ein »Energie-Rowdy« aufführt (indem er oder sie Sie nicht zu Wort kommen lässt, oder unangenehm laut redet und grobe Worte oder die entsprechende Körpersprache benutzt). Haben

Sie das Gefühl, dass Sie und dieser Mensch miteinander konkurrieren?

Oder sind Sie eingeschüchtert, weil Sie diesen Menschen bewundern und meinen, dass er Ihnen überlegen ist? Denken Sie in einer solchen Situation daran, dass es in der Vergangenheit nichts gebracht hat, die Freundschaft zu Personen zu suchen, für die Sie keine Bewunderung empfanden. Sie möchten von Freunden umgeben sein, die Sie ermuntern und unterstützen können, nicht solche, die Sie herunterziehen. Sie haben es verdient – wir alle haben es verdient!

Denken Sie daran, es geht nicht darum, *wie viele* Freunde Sie haben; was zählt, ist die Qualität der Freundschaft. Selbst eine einzige gute Freundschaft, basierend auf gegenseitigem Respekt und anderen positiven Eigenschaften, wird Ihnen helfen, strahlend durch den Tag zu gehen.

NACHWORT

Vom Stress zum Stretching

Drama ist eine Suchtgewohnheit mit einer physiologischen Basis, genau wie andere destruktive Süchte. Die Tragödie ist, dass die Sucht nach Drama in schmerzhaften und furchterregenden Situationen ihren Anfang nimmt und dass jedes neue Drama die fortlaufenden schädlichen Wirkungen des ursprünglichen Traumas fortsetzt.

Zum Glück gibt es einen gesunden Ausweg. Zuallererst ist es wichtig, dass Sie sich Ihrer inneren Signale bewusst werden. Wenn Sie wütend werden, frustriert, einsam, wetteifernd, panisch und so weiter, beobachten Sie sich selbst. Versuchen Sie, nicht umgehend auf diese Trauma-basierten Gewohnheiten zu reagieren.

Wie wir besprochen haben, neigen Menschen, die traumatisiert wurden, stärker dazu, stressige Erfahrungen zu machen und auf diese Stressoren in extremer Weise zu reagieren. Zu den reflexartigen, automatischen Reaktionen auf Stress gehört: die Tendenz, in Panik zu geraten; alles zu dramatisieren; innerlich zu erstarren und das Bewusstsein abzutrennen (Dissoziation); der Versuch, die Situation zu kontrollieren; und in Verteidigungshaltung zu gehen. Wie die Forschung zeigt, sind diese Muster jedoch letzten Endes ungesund, sowohl für Ihren Körper als auch für Ihre Beziehungen.

Es gibt Stressoren im Leben, die wir nicht kontrollieren können. Nichtsdestotrotz *können* wir kontrollieren, wie wir auf Stress reagieren.

Wenn Sie merken, dass Sie in dunkle Yin- oder Yang-Muster zurückfallen (Konkurrenzdenken, kontrollierendes Verhalten, Selbstzerstörung, Selbstzweifel, Suchtverhalten und Ähnliches), ist das ein Signal, mehr Licht in Ihr Leben zu bringen. Selbst wenn eine düstere Stimmung Sie glauben macht, dass Sie kein Glück verdienen, oder wenn Sie das Gefühl haben, innerer Frieden sei ein Ding der Unmöglichkeit, ist es besonders wichtig, Schritte zu unternehmen, um Ihr inneres Strahlen zurückzugewinnen.

Aktiv zu werden hilft Ihnen, aufgestaute Energie zu entladen, vor allem wenn Ihr ursprüngliches Trauma in einer Reaktion des Erstarrens resultierte. Selbst kleine Schritte, wie zum Beispiel aufzustehen und herumzugehen oder Ihre Arme zu strecken, werden Ihnen die Möglichkeit geben, aufgestaute Emotionen auf gesunde Weise loszulassen. Das wird die Anzahl der Stresshormone in Ihrem Körper reduzieren.

Wenn Sie wütend sind, halten Sie Ihre Gefühle weder zurück, noch versuchen Sie, Ihr Bewusstsein durch Suchtverhalten zu blockieren. Stattdessen unternehmen Sie Schritte, um Ihre Gefühle auf positive Weise auszudrücken, indem Sie zum Beispiel Liedtexte schreiben, ein Tagebuch führen, Fitness betreiben, malen oder tanzen. Viele erfolgreiche, kreative Menschen haben festgestellt, dass ihre dunkelsten Momente eine Inspiration waren für ihre Songs, Bücher, Malereien und Ähnliches.

Außerdem hilft es, dem Menschen, auf den Sie wütend sind, einen Brief zu schreiben. Bringen Sie Ihre Gefühle zu Papier und halten Sie nichts zurück. Dann verbrennen Sie den Brief auf eine zeremonielle Weise. Sie könnten der oder dem Betreffenden auch eine etwas entschärfte Version des Briefes schicken, nachdem Sie einen oder zwei Tage gewartet haben,

bis Ihre Wut sich gelegt hat. Auf diese Weise wird der Brief Ihre grundsätzlichen Gefühle und nicht Ihre momentanen Emotionen widerspiegeln.
Also achten Sie 1.) auf Ihre emotionalen und körperlichen Gefühle, und werden Sie dann 2.) aktiv, um diese Gefühle zu zerstreuen und auf produktive – oder zumindest nicht verletzende – Weise auszudrücken.
Wie Sie in diesem Buch immer wieder gelesen haben, ist fast jeder von uns schon einmal von traumatischen Umständen tangiert worden. Jedoch müssen wir uns nicht unsere Zukunft von unserer Vergangenheit diktieren lassen. Wir können der Energie der Angst hinter Missbrauchssituationen nicht erlauben, »das letzte Wort« zu haben. Jeder von uns muss die Verantwortung übernehmen für seine eigene Gesundheit und sein Glück. Und indem wir das tun, verlangsamen wir den Trauma-Drama-Kreislauf oder halten ihn ganz an – was nicht nur für uns ein großer Segen ist, sondern auch für unsere Lieben – und letzten Endes ein positiver Beitrag zu unserer Welt.
Wenn Sie strahlen, inspirieren Sie andere, es Ihnen gleichzutun. Sie werden wie eine Kerze, die dringend benötigtes Licht in die Welt bringt. Andere Menschen nehmen Ihr Strahlen wahr, selbst wenn sie nicht wissen warum. Ihr Strahlen löst eine Rückbesinnung in anderen aus, die ein Katalysator sein kann, um ihr eigenes Strahlen zurückzugewinnen.
Also strahlen Sie, was das Zeug hält! Und bewahren Sie sich unter allen Umständen Ihr inneres Strahlen.

Bibliografie

Abbaoui, B., Riedl, K. M., Ralston, R. A., Thomas-Ahner, J. M., Schwartz, S. J., Clinton, S. K. und Mortazavi, A. (2012 Nov). Inhibition of bladder cancer by broccoli isothiocyanates sulforaphane and erucin: Characterization, metabolism, and interconversion. *Mol Nutr Food Res*, 56(11), 1675–87.

Amsterdam, J. D., Li, Y., Soeller, I., Rockwell, K., Mao, J. J. und Shults, J. (2009 Aug). A randomized, double-blind, placebo-controlled trial of oral Matricaria recutita (chamomile) extract therapy for generalized anxiety disorder. *J Clin Psychopharmacol*, 29(4), 378–82.

Amsterdam, J. D., Shults, J., Soeller, I., Mao, J. J., Rockwell, K. und Newberg, A. B. (2012 Sep–Oct). Chamomile (Matricaria recutita) may provide antidepressant activity in anxious, depressed humans: An exploratory study. *Altern Ther Health Med*, 18(5), 44–9.

Araneta, M., Allison, M. A., Barrett-Connor, E. und Kanaya, A. M. (2013 June 22). Overall and regional fat change: Results from the Practice of Restorative Yoga or Stretching for Metabolic Syndrome (PRYSMS) study. Results presented at: 73rd Scientific Session of the American Diabetes Association in Chicago, IL.

Arora, S. und Bhattaharjee, J. (2008 Jul–Dec). Modulation of immune responses in stress by yoga. *Int J Yoga*, 1(2), 45–55.

Atsumi, T. und Tonosaki, K. (2007). Smelling lavender and rosemary increases free radical scavenging activity and decreases cortisol level in saliva. *Psychiatry Res*, 150, 89–96.

Bagga, O. P. und Gandhi, A. (1983 Jan–Feb). A comparative study of the effect of Transcendental Meditation (T. M.) and Shavasana practice on cardiovascular system. *Indian Heart Journal*, 35(1), 39–45.

Bayer-Topilsky, T., Trenerry, M. R., Suri, R., Topilsky, Y., Antiel, R. M., Marmor, Y., Mahoney, D. W., Schaff, H. V. und Enriquez-Sarano, M. (2013 Oct). Psycho-emotional manifestations of valvular heart diseases: Prospective assessment in mitral regurgitation. *Am J Med*, 126(10), 916–24.

Birnbaum, L. S. (2013 Jul). When environmental chemicals act like uncontrolled medicine. *Trends Endocrinol Metab*, 24(7), 321–3.

Boiten, F. A., Frijda, N. H. und Wientjes, C. J. E. (1994). Emotion and respiratory patterns: A review and critical analysis. *International Journal of Psychophysiology*, 17(2), 103–128.

Brabant, C., Alleva, L., Quertemont, E. und Tirelli, E. (2010 Nov). Involvement of the brain histaminergic system in addiction and addiction-related behaviors: A comprehensive review with emphasis on the potential therapeutic use of histaminergic compounds in drug dependence. *Prog Neurobiol*, 92(3), 421–41.

Breslau, N., Davis, G. C., Andreski, P. und Peterson, E. (1991 Mar). Traumatic events and post-traumatic stress disorder in an urban population of young adults. *Arch Gen Psychiatry*, 48(3), 216–22.

Bricker, G. V. (2014 Oct). Isothiocyanate metabolism, distribution, and interconversion in mice following consumption of thermally processed broccoli sprouts or purified sulforaphane. *Mol Nutr Food Res*, 58(10), 1991–2000.

Brown, N. W. (2008). *Children of the Self-Absorbed* (2nd ed.). Oakland, CA: New Harbinger Publications, Inc.

Bruhn, C. (2014). The reward system of the brain: The brain loves surprises. *Dtsch Med Wochenschr*, 139(18), 928–9.

Cable, N., Bartley, M., Chandola, T. und Sacker, A. (2013). Friends are equally important to men and women, but family matters more for men's well-being. *J Epidemiol Community Health*, 67(2), 166–71.

Casement, M. D., Shaw, D. S., Sitnick, S. L., Musselman, S. C. und Forbes, E. E. (2014 May 1). Life stress in adolescence predicts early adult reward-related brain function and alcohol dependence. *Soc Cogn Affect Neurosci*. Retrieved from www.ncbi.nlm.nih.gov/pubmed/24795442

Cheren, M., Foushi, M., Gudmundsdotter, E. H., Hillock, C., Lerner, M., Prager, M., Rice, M., Walsh, L. und Werdell, P. (2009). Physical craving and food addiction. *The Food Addiction Institute*. Retrieved from http://foodaddictioninstitute.org/scientific-research/physical-craving-and-food-addiction-a-scientific-review

Clay, R. A. (2011 Jan). Stressed in America. *American Psychological Association*, 42(1), 60.

Clement, A. M., und Clement, B. R. (2011). *Killer Clothes*. Summertown, TN: Hippocrates Publications.

Colantuoni, C., Rada, P., McCarthy, J., Patten, C., Avena, N. M., Chadeayne, A. und Hoebel, B. G. (2002). Evidence that intermittent, excessive sugar intake causes endogenous opioid dependence. *Obesity Research*, 10, 478–88.

Collinge W., Kahn J. und Soltysik R. (2012 Dec). Promoting reintegration of National Guard veterans and their partners using a self-directed program of integrative therapies: A pilot study. *Mil Med*, 177(12), 1477–85.

Currier, J. M., Holland, J. M. und Drescher, K. D. (2015 Jan 26). Spirituality factors in the prediction of outcomes of PTSD treatment for U.S. military veterans. *Journal of Traumatic Stress*. doi: 10.1002/jts.21978

Davidson, J. R., Hughes, D., Blazer, D. G. und George, L. K. (1991 Aug). Posttraumatic stress disorder in the community: An epidemiological study. *Psychol Med*, 21(3), 713–21.

Delisle, I. (1998 Nov). Solitude. The Canadian Nurse, 94(10), 40–1, 44.
Dietz, T.J., Davis, D., and Pennings, J. (2012). Evaluating animal-assisted therapy in group treatment for child sexual abuse. *J Child Sex Abus*, 21(6), 665–83.

DiMauro, J., Carter, S., Folk, J.B. und Kashdan, T.B. (2014 Dec). A historical review of trauma-related diagnoses to reconsider the heterogeneity of PTSD. *J Anxiety Disord*, 28(8), 774–86.

Eikenaes, I., Hummelen, B., Abrahamsen, G., Andrea, H. und Wilberg, T. (2013 Dec). Personality functioning in patients with avoidant personality disorder and social phobia. *J Pers Disord*, 27(6), 746–63.

England, D. (2009). *The Post-traumatic Stress Disorder Relationship*. Avon, MA: Adams Media.

Environmental Protection Agency (U.S.). (2009). Toxicological Review of Tetrachloroethylene (Perchloroethylene).

———. (January 2015). Fact Sheet on Perchloroethylene, also known as Tetrachloroethylene.

Epel, E.S., McEwen, B., Seeman, T., Matthews, K., Castellazzo, G., Brownell, K.D., Bell, J. und Ickovics, J.R. (2000). Stress and body shape: Stress-induced cortisol secretion is consistently greater among women with central fat. Psychosomatic Medicine, 62(5), 623–32.

Eutamene, H., Theodorou, V., Fioramonti, J. und Bueno, L. (2003 Dec 15). Acute stress modulates the histamine content of mast cells in the gastrointestinal tract through interleukin-1 and corticotropin-releasing factor release in rats. *J Physiol*, 553(Pt 3), 959–66.

Ezemonye, L. und Ikpesu, T.O. (2011 Sep). Evaluation of sub-lethal effects of endosulfan on cortisol secretion, glutathione S-transferase and acetylcholinesterase activities in Clarias gariepinus. *Food Chem Toxicol*, 49(9), 1898–903.

Fava, M., Alpert, J., Nierenberg, A.A., Mischoulon, D., Otto, M.W., Zajecka, J., Murck, H. und Rosenbaum, J.F. (2005 Oct). A double-blind, randomized trial of St John's wort, fluoxetine, and placebo in major depressive disorder. *J Clin Psychopharmacol*, 25(5), 441–7.

Ferguson, P.E., Persinger, D. und Steele, M. (2010 Mar 17). Resolving dilemmas through bodywork. *Int J Ther Massage Bodywork*, 3(1), 41–7.

Field, T. (2002 Jan). Massage therapy. *Med Clin North Am*, 86(1), 163–71.

Field, T., Hernandez-Reif, M., Diego, M., Schanberg, S. und Kuhn, C. (2005 Oct). Cortisol decreases and serotonin and dopamine increase following massage therapy. *Int J Neurosci*, 115(10), 1397–413.

Finkelhor, D., Ormrod, R.K. und Turner, H.A. (2007 May). Re-victimization patterns in a national longitudinal sample of children and youth. *Child Abuse and Neglect*, 31(5), 479–502.

Friedman, L.C., Nelson, D.V., Baer, P.E., Lane, M., Smith, F.E. und Dworkin R.J. (1992 April). The relationship of dispositional optimism, daily life stress, and domestic environment to coping methods used by cancer patients. *Journal of Behavioral Medicine*, 15(2), 127–41.

Fu, W., Sood, S. und Hedges, D. W. (2010). Hippocampal volume deficits associated with exposure to psychological trauma and posttraumatic stress disorder in adults: A meta-analysis. *Progress in Neuro-Psychopharmacology and Biological Psychiatry*, 34(7), 1181–8.

Fujimaki, H., Kawagoe A., Bissonnette, E. und Befus, D. (1992). Mast cell response to formaldehyde. 1. Modulation of mediator release. *Int Arch Allergy Immunol*, 98(4), 324–31.

Gangi, S. und Johansson, O. (2000 Apr). A theoretical model based upon mast cells and histamine to explain the recently proclaimed sensitivity to electric and/or magnetic fields in humans. *Med Hypotheses*, 54(4), 663–71.

Garcia-Segura, L. M. (2009). *Hormones and Brain Plasticity*. New York: Oxford University Press.

Gilbertson, M. W., Shenton, M. E., Ciszewski, A., Kasai, K. Lasko, N. B., Orr, S. P. und Pitman, R. K. (2002 Nov). Smaller hippocampal volume predicts pathologic vulnerability to psychological trauma. *Nat Neurosci*, 5(11), 1242–7.

Goel, N., Kim, H. und Lao, R. P. (2005). An olfactory stimulus modifies nighttime sleep in young men and women. *Chronobiol Int*, 22(5), 889–904.

Gopal, A., Mondal, S., Gandhi, A., Arora, S. und Bhattacharjee, J. (2011 Jan–June). Effect of integrated yoga practices on immune responses in examination stress: A preliminary study. *Int J Yoga*, 4(1), 26–32.

Graevskaya, E. (2003 Jan). Effect of methylmercury on histamine release from rat mast cells. *Archives of Toxicology*, 77(1), 17–21

Grinage, B. D. (2003 Dec 15). Diagnosis and management of post-traumatic stress disorder. *Am Fam Physician*, 68(12), 2401–8.

Grosso, J. A, Kimbrel, N. A, Dolan, S., Meyer, E. C., Kruse, M. I., Gulliver, S. B. und Morissette, S. B. (2014 Aug). A test of whether coping styles moderate the effect of PTSD symptoms on alcohol outcomes. *Journal of Traumatic Stress*, 27(4), 478–82.

Guarneri-White, M. E., Jensen-Campbell, L. A. und Knack, J. M. (2015 Feb). Is co-ruminating with friends related to health problems in victimized adolescents? *J Adolesc*, 39, 15–26.

Hagel, A. F., Layritz, C. M., Hagel, W. H., Hagel, H. J., Hagel, E., Dauth, W., Kressel, J., Regnet, T., Rosenberg, A., Neurath, M. F., Molderings, G. J. und Raithel, M. (2013 Sep). Intravenous infusion of ascorbic acid decreases serum histamine concentrations in patients with allergic and non-allergic diseases. Naunyn Schmiedebergs *Arch Pharmacol*, 386(9), 789–93.

Harvey, A. G., Jones, C. und Schmidt, D. A. (2003 May). Sleep and posttraumatic stress disorder: A review. *Clinical Psychology Review*, 23(3), 377–407.

He, F., Cao, R., Feng, Z., Guan, H. und Peng, J. (2013 Dec 17). The impacts of dispositional optimism and psychological resilience on the

subjective well-being of burn patients: A structural equation modelling analysis. *PLoS One*, 8(12), e82939.
Hidalgo, R.B. und Davidson, J. (2000). Posttraumatic stress disorder: Epidemiology and health-related considerations. *J Clin Pychiatry*, 61(suppl 7), 5–13.
Hodge, L., Yan, K.Y. und Loblay, R.L. (1996 Aug). Assessment of food chemical intolerance in adult asthmatic subjects. *Thorax*, 51(8), 805–9.
Hölzel, B.K., Carmody, J., Evans, K.C., Hoge, E.A., Dusek, J.A., Morgan, L. und Lazar, S.W. (2010 Mar). Stress reduction correlates with structural changes in the amygdala. *Soc Cogn Affect Neurosci*, 5(1), 11–17.
Hosseinbor, M., Ardekani, S.M., Bakhshani, S. und Bakhshani, S. (2014 Aug 25). Emotional and social loneliness in individuals with and without substance dependence disorder. *Int J High Risk Behav Addict*, 3(3), e22688.
Hou, W.H., Chiang, P.T., Hsu, T.Y., Chiu, S.Y. und Yen, Y.C. (2010). Treatment effects of massage therapy in depressed people: A meta-analysis. *J Clin Psychiatry*. 71(7), 894–901.
Huang, Z.L., Mochizuki, T., Watanabe, H. und Maeyama, K. (1999 Aug 6). Activation of sensory nerves participates in stress-induced histamine release from mast cells in rats. *Neurosci Lett*, 270(3), 181–4.
Huszti, Z. und Balogh, I. (1995 Jun). Effects of lead and mercury on histamine uptake by glial and endothelial cells. *Pharmacol Toxicol*, 76(6), 339–42.
Huxhold, O., Miche, M. und Schüz, B. (2014 May). Benefits of having friends in older ages: Differential effects of informal social activities on well-being in middle-aged and older adults. *J Gerontol B Psychol Sci Soc Sci*. 69(3), 366–75.
Iribarren, J., Prolo, P., Neagos, N. und Chiappelli, F. (2005 Dec). Posttraumatic stress disorder: Evidence-based research for the third millennium. *Evid Based Complement Alternat Med*, 2(4), 503–512.
Itai, T., Amayasu, H., Kuribayashi, M., Kawamura, N., Okada, M., Momose, A., Tateyama, T., Narumi, K., Uematsu, W. und Kaneko, S. (2000 Aug). Psychological effects of aromatherapy on chronic hemodialysis patients. *Psychiatry Clin Neurosci*, 54(4), 393–7.
Jan, J.E., Espezel, H. und Appleton, R.E. (1994 Feb). The treatment of sleep disorders with melatonin. *Developmental Medicine and Child Neurology*, 36(2), 97–107.
Jarisch, R., Weyer, D., Ehlert, E., Koch, C.H., Pinkowski, E., Jung, P., Kähler, W., Girgensohn, R., Kowalski, J., Weisser, B. und Koch, A. (2014). Impact of oral vitamin C on histamine levels and seasickness. *J Vestib Res*, 24(4), 281–8.
Johansson, O., Gangi, S., Liang, Y., Yoshimura, K., Jing, C. und Liu, P.-Y. (2001 Nov). Cutaneous mast cells are altered in normal healthy volunteers sitting in front of ordinary TVs/PCs--results from open-field provocation experiments. *J Cutan Pathol*, 28(10), 513–9.

Jovanovic, T., Norrholm, S.D., Blanding, N.Q., Davis, M., Duncan, E., Bradley, B. und Ressler, K.J. (2010 Mar). Impaired fear inhibition is a biomarker of PTSD but not depression. *Depress Anxiety*, 27(3), 244–51.

Kamei, T., Toriumi, Y., Kimura, H., Ohno, S., Kumano, H. und Kimura, K. (2000 Jun). Decrease in serum cortisol during yoga exercise is correlated with alpha wave activation. *Percept Mot Skills*, 90(3 Pt 1), 1027–32.

Kanojia, S., Sharma, V.K., Gandhi, A., Kapoor, R., Kukreja, A. und Subramanian, S.K. (2013 Oct). Effect of yoga on autonomic functions and psychological status during both phases of menstrual cycle in young healthy females. *J Clin Diagn Res*, 7(10), 2133–9.

Kashdan, T.B., Uswatte, G. und Julian, T. (2006 Feb). Gratitude and hedonic and eudaimonic well-being in Vietnam war veterans. *Behav Res Ther*, 44(2), 177–99.

Kasper, S., Gastpar, M., Müller, W.E., Volz, H.P., Dienel, A., Kieser, M. und Möller, H.J. (2008 Feb). Efficacy of St. John's wort extract WS 5570 in acute treatment of mild depression: A reanalysis of data from controlled clinical trials. *Eur Arch Psychiatry Clin Neurosci*, 258(1), 59–63.

Kather, H. und Simon, B. (1979 Oct 27). Opioid peptides and obesity. *Lancet*, 314(8148), 905.

Kempton, M.J., Salvador, Z., Munafò, M.R., Geddes, J.R., Simmons, A., Frangou, S. und Williams, S.C. (2011 Jul). Structural neuroimaging studies in major depressive disorder: Meta-analysis and comparison with bipolar disorder. *Arch Gen Psychiatry*, 68(7), 675–90.

Khalfa, S., Bella, S.D., Roy, M., Peretz, I. und Lupien, S.J. (2003). Effects of relaxing music on salivary cortisol level after psychological stress. *Ann NY Acad Sci*, 999: 374–6.

Khanam, A.A., Sachdeva, U., Guleria, R. und Deepak, K.K. (1996 Oct). Study of pulmonary and autonomic functions of asthma patients after yoga training. *Indian J Physiol Pharmacol*, 40(4), 318–24.

Kiecolt-Glaser, J. und Glaser, R. (2008 Aug 14). Stress, anxiety can make allergy attacks even more miserable and last longer. Presentation at the American Psychological Association Annual Meeting in Boston, MA.

Komori, T., Fujiwara, R., Tanida, M., Nomura, J. und Yokoyama, M.M. (1995 May–Jun). Effects of citrus fragrance on immune function and depressive states. *Neuroimmunomodulation*, 2(3), 174–80.

Kostek, J.A., Beck, K. D, Gilbertson, M.W., Orr, S.P., Pang, K.C., Servatius, R.J. und Myers, C.E. (2014 Dec). Acquired equivalence in U.S. veterans with symptoms of posttraumatic stress: Reexperiencing symptoms are associated with greater generalization. *Journal of Traumatic Stress*, 27(6), 717–20.

Kreutz, G., Bongard, S., Rohrmann, S., Hodapp, V. und Grebe, D. (2004 Dec). Effects of choir singing or listening on secretory immunoglobulin A, cortisol, and emotional state. *J Behav Med*, 27(6), 623–35.

Kristal, A.R., Littman, A.J., Benitez, D. und White, E. (2005). Yoga practice is associated with attenuated weight gain in healthy, middle-aged men and women. *Altern Ther Health Med*, 11(4), 28–33.

Kubany, E.S., Haynes, S.N., Leisen, M.B., Owens, J.A., Kaplan, A.S., Watson, S.B. und Burns, K. (2000 Jun). Development and preliminary validation of a brief broad-spectrum measure of trauma exposure: The traumatic life events questionnaire. *Psychol Assess*, 12(2), 210–24.

Kuijer, R.G. und Boyce, J.A. (2012 Jun). Emotional eating and its effect on eating behaviour after a natural disaster. *Appetite*, 58(3), 936–39.

Laakmann, G., Schüle, C., Baghai, T. und Kieser, M. (1998 Jun). St. John's wort in mild to moderate depression: The relevance of hyperforin for the clinical efficacy. *Pharmacopsychiatry*, 31(Suppl 1), 54–9.

Landau, D. (2011 Mar). Stressful life events and material deprivation in hoarding disorder. *J Anxiety Disord*, 25(2), 192–202.

Lane, J.D. (March 2011). Caffeine, glucose metabolism, and type 2 diabetes. *Journal of Caffeine Research*, 1(1), 23–28.

Lanius, R., Miller, M., Wolf, E., Brand, B., Frewen, P., Vermetten, E. und Spiegel, D. (2014 Jan 3). Dissociative subtype of PTSD. *PTSD: National Center for PTSD, U.S. Department of Veterans Affairs*. Retrieved from www.ptsd.va.gov/professional/PTSD-overview/Dissociative_Subtype_of_PTSD.asp

Larson, R.W. (1997 Feb). The emergence of solitude as a constructive domain of experience in early adolescence. *Child Dev*. 68(1), 80–93.

Lazar, S.W., Bush, G., Gollub, R.L., Fricchione, G.L., Khalsa, G. und Benson, H. (2000 May 15). Functional brain mapping of the relaxation response and meditation. *Neuroreport*, 11(7), 1581–5.

Leary, M.R. und Springer, C.A. (2000). Hurt feelings: The neglected emotion. In R.M. Kowalski (Ed.), *Behaving Badly: Aversive Behaviors in Interpersonal Relationships*. Washington, D.C.: American Psychological Association.

Levine, P.A. (2010). *In an Unspoken Voice: How the Body Releases Trauma and Restores Goodness*. Berkeley, CA: North Atlantic Books.

Lillehei, A.S., and Halcon, L.L. (2014 Jun). A systematic review of the effect of inhaled essential oils on sleep. *J Altern Complement Med*, 20(6), 441–51.

Long, B. und Haney, C. (1988 Dec). Long-term follow-up of stressed working women: A comparison of aerobic exercise and progressive relaxation. *Journal of Sport and Exercise Psychology*, 10(4), 461–70.

Lovallo, W.R., Whitsett, T., al'Absi, M., Sung, B.H., Vincent, A.S. und Wilson, M.F. (2005). Caffeine stimulation of cortisol secretion across the waking hours in relation to caffeine intake levels. *Psychosom Med*, 67(5), 734–9.

Maintz, L. und Novak, L. (2007). Histamine and histamine intolerance. *Am J Clin Nutri*, 85(5), 1185–96.

Maršanić, V.B., Aukst, M.B., Jukić, V., Matko, V. und Grgić, V. (2014 May). Self-reported emotional and behavioral symptoms, parent-adolescent bonding and family functioning in clinically referred adolescent offspring of Croatian PTSD war veterans. *Eur Child Adolesc Psychiatry*, 23(5), 295–306.

Mayo Clinic Staff. (2014 Apr 8). Relaxation techniques. *Mayo Clinic.* Retrieved from www.mayoclinic.org/healthy-living/stress-management/basics/relaxation-techniques/hlv-20049495

McCraty, R., Barrios-Choplin, B., Atkinson, M., and Tomasino, D. (1998 Jan). The effects of different types of music on mood, tension, and mental clarity. *Altern Ther Health Med*, 4(1), 75–84.

McKay, D.L. und Blumberg, J.B. (2006 Jul). A review of the bioactivity and potential health benefits of chamomile tea (Matricaria recutita L.). *Phytother Res*, 20(7), 519–30.

McPherson, F. und Schwenka, M.A. (2004). Use of complementary and alternative therapies among active duty soldiers, military retirees, and family members at a military hospital. *Mil Med*, 169(5), 354–7.

Mealer, M., Burnham, E.L., Goode, C.J., Rothbaum, B. und Moss, M. (2009). The prevalence and impact of post traumatic stress disorder and burnout syndrome in nurses. *Depression and Anxiety*, 26(12), 1118–26.

Meewisse, M.L., Reitsma, J.B., de Vries, G.J., Gersons, B.P. und Olff, M. (2007 Nov). Cortisol and post-traumatic stress disorder in adults: Systematic review and meta-analysis. *The British Journal of Psychiatry*, 191, 387–92.

Melzer, D., Rice, N.E., Lewis, C., Henley, W.E. und Galloway, T.S. (2010 Jan 13). Association of urinary bisphenol A concentration with heart disease: Evidence from NHANES 2003/06. *PLoS One*, 5(1), e8673.

Mitchell, K.S., Dick, A.M., DiMartino, D.M., Smith, B.N., Niles, B., Koenen, K.C. und Street, A. (2014 Apr). A pilot study of a randomized controlled trial of yoga as an intervention for PTSD symptoms in women. *Journal of Traumatic Stress*, 27(2), 121–8.

Moon, M.K., Jeong, I.K., Oh, T.J., Ahn, H.Y., Kim, H.H., Park,Y.J., Jang, H.C. und Park, K.S. (2015 May 13). Long-term oral exposure to bisphenol A induces glucose intolerance and insulin resistance. *J Endocrinol*, pii: JOE-14–0714.

Morin, C.M., Koetter, U., Bastien, C., Ware, J.C. und Wooten, V. (2005 Nov). Valerian-hops combination and diphenhydramine for treating insomnia: A randomized placebo-controlled clinical trial. *Sleep*, 28(11), 1465–71.

Morris, M.J. und Pavia, M.M. (2004 Apr 23). Increased endogenous noradrenaline and neuropeptide Y release from the hypothalamus of streptozotocin diabetic rats. *Brain Res*, 1006(1), 100–6.

Moyer, C.A., Rounds, J. und Hannum, J.W. (2004). A meta-analysis of massage therapy research. *Psychol Bulletin*, 130(1), 3–18.

Mubarak, A., Hodgson, J.M., Considine, M.J., Croft, K.D. und Matthews, V.B. (2013). Supplementation of a high-fat diet with chlorogenic acid is associated with insulin resistance and hepatic lipid accumulation in mice. *J Agric Food Chem*, 61(18), 4371–8.

Nakajima, Y., Goldblum, R.M. und Midoro-Horiuti, T. (2012). Fetal exposure to bisphenol A as a risk factor for the development of childhood asthma: An animal model study. *Environ Health*, 11, 1–7.

Nauert, R. (2013 May 2). Child abuse, later PTSD show distinctive genetic signature. *Psych Central*. Retrieved from http://psychcentral.com/news/2013/05/02/child-abuse-later-ptsd-show-distinctive-genetic-signature/54377.html

Newball, H.H., Donlon, M.A., Procell, L.R., Helgeson, E.A. und Franz, D.R. (1986 Sep). Organophosphate-induced histamine release from mast cells. *Pharmacol Exp Ther*, 238(3), 839–45.

Newmeyer, M., Keyes, B., Gregory, S., Palmer, K., Buford, D., Mondt, P. und Okai, B. (2014 Autumn). The Mother Teresa effect: The modulation of spirituality in using the CISM model with mental health service providers. *Int J Emerg Ment Health*, 16(1), 251–8.

O'Brien, E., Dolinoy, D.C. und Mancuso, P. (2014 Jan–Mar). Bisphenol A at concentrations relevant to human exposure enhances histamine and cysteinyl leukotriene release from bone marrow-derived mast cells. *J Immunotoxicol*, 11(1), 84–9.

Oken, B.S., Zajdel, D., Kishiyama, S., Flegal, K., Dehen, C., Haas, M., Kraemer, D., Lawrence, J. und Leyva, J. (2006). Randomized, controlled, sixmonth trial of yoga in healthy seniors: Effects on cognition and quality of life. *Alternative Therapies in Health and Medicine*, 12(1), 40–7.

Olff, M. (2012). Bonding after trauma: On the role of social support and the oxytocin system in traumatic stress. *Eur J Psychotraumatol*, 3, 10.3402. doi:10.3402/ejpt.v3i0.18597

Omini, C., Hernandez, A., Zuccari, G., Clavenna, G., Daffonchio, L. (1990). Passive cigarette smoke exposure induces airway hyperreactivity to histamine but not to acetylcholine in guinea-pigs. *Pulm Pharmacol*, 3(3), 145–50.

Parrott, R.F., Heavens, R.P. und Baldwin, B.A. (1986). Stimulation of feeding in the satiated pig by intracerebroventricular injection of neuropeptide Y. *Physiol. Behav*, 36(3), 523–5.

Perry, R., Terry, R., Watson, L.K., and Ernst, E. (2012 Jun 15). Is lavender an anxiolytic drug? A systematic review of randomized clinical trials. *Phytomedicine*, 19(8–9), 825–35.

Pineles, S.L. (2011 Feb). Trauma reactivity, avoidant coping, and PTSD symptoms: a moderating relationship? *J Abnorm Psychol*, 120(1), 240–6.

Pittler, M.H. und Ernst, E. (2000 Feb). Efficacy of kava extract for treating anxiety: Systematic review and meta-analysis. *J Clin Psychopharmacol*, 20(1), 84–9.

Polheber, J.P. und Matchock, R.L. (2014 Oct). The presence of a dog attenuates cortisol and heart rate in the Trier Social Stress Test compared to human friends. *J Behav Med*, 37(5), 860–7.

Potter, P., Deshields, T. und Rodriguez, S. (2013 Oct–Dec). Developing a systemic program for compassion fatigue. *Nurse Administration Quarterly*, 37(4), 326–32.

Prasad, A., Zuzek, R.W., Weinsier, S.B., Latif, S.R., Linsky, R.A., Ahmed, H.N. und Sadiq, I. (2009 Apr 1). Clinical characteristics and four-year outcomes of patients in the Rhode Island Takotsubo Cardiomyopathy Registry. *American Journal of Cardiology*, 103(7), 1015–19.

Price, J.L. (2014 Jan 3). When a child's parent has PTSD. *US Department of Veteran's Affairs*. Retrieved from www.ptsd.va.gov/professional/treatment/children/pro_child_parent_ptsd.asp

Puleo, G. (2014). Burnout and post-traumatic stress disorder. TedX Talk at Seton Hill University in Greensburg, PA. Retrieved from http://tedxtalks.ted.com/video/Burnout-and-post-traumatic-stre

Rajkovic, V. (2005 Jul). Histological characteristics of cutaneous and thyroid mast cell populations in male rats exposed to power-frequency electromagnetic fields. *Int J Radiat Biol*, 81(7), 491–9.

Raub, J.A. (2002). Psychophysiologic effects of hatha yoga on musculoskeletal and cardiopulmonary function: A literature review. *The Journal of Alternative and Complementary Medicine*, 8(6), 797–812.

Rioux, J.G. und Ritenbaugh, C. (2013 May–Jun). Narrative review of yoga intervention clinical trials including weight-related outcomes. *Altern Ther Health Med*, 19(3), 32–46.

Rohr, U., König, W. und Selenka, F. (1985 Dec). Effect of pesticides on the release of histamine, chemotactic factors and leukotrienes from rat mast cells and human basophils. *Zentrabl Bakteriol Mikrobiol Hyg B*, 181(6), 469–86.

Ross, A. und Thomas, S. (2010). The health benefits of yoga and exercise: A review of comparison studies. *Journal of Alternative and Complementary Medicine*, 16(1), 3–12.

Roth, S. und Cohen, L. (1986). Approach, avoidance, and coping with stress. American Psychologist, 41(7), 813–9.

Sakamoto, T., Kamijimab, M. und Miyakec, M. (2012 Jun 15). Neurogenic airway microvascular leakage induced by toluene inhalation in rats. *Eur J Pharmacol*. 685(1–3), 180–5.

Sansone, R.A. und Sansone, L.A. (2010 Nov). Gratitude and well being: The benefits of appreciation. *Psychiatry (Edgmont)*, 7(11), 18–22.

Sapolsky, R.M. (2004). *Why zebras don't get ulcers* (3rd ed.). New York: St. Martin's Griffin.

Sarris, J., Kavanagh, D.J., Byrne, G., Bone, K.M., Adams, J. und Deed, G. (2009 Aug). The Kava Anxiety Depression Spectrum Study (KADSS): A randomized, placebo-controlled crossover trial using an aqueous extract of Piper methysticum. *Psychopharmacology (Berl)*, 205(3), 399–407.

Sarris, J., LaPorte, E. und Schweitzer, I. (2011). Kava: A comprehensive review of efficacy, safety, and psychopharmacology. *Aust N Z J Psychiatry*, 45(1), 27–35.

Sato, T. (1998 Feb 20). Augmentation of allergic reactions by several pesticides. *Toxicology*. 126(1), 41–53.

Schaubschläger, W.W., Becker, W.M., Schade, U., Zabel, P. und Schlaak, M. (1991). Release of mediators from human gastric mucosa and blood in adverse reactions to benzoate. *Int Arch Allergy Appl Immunol*, 96(2), 97–101.

Schnyder, U. und Cloitre, M., Eds. (2015). *Evidence-based treatments for trauma-related psychological disorders: A practical guide for clinicians*. New York: Springer.

Seo, M. (2008). A small amount of tetrachloroethylene ingestion from drinking water accelerates antigen-stimulated allergic responses. *Immunobiology*, 213(8), 663–9.

Seppälä, E.M., Nitschke, J.B., Tudorascu, D.L., Hayes, A., Goldstein, M.R., Nguyen, D.T., Perlman, D. und Davidson, R.J. (2014 Aug). Breathing-based meditation decreases posttraumatic stress disorder symptoms in U.S. military veterans: A randomized controlled longitudinal study. *Journal of Traumatic Stress*, 27(4), 397–405.

Sherman, K.J., Cherkin, D.C., Wellman, R.D., Cook, A.J., Hawkes, R.J., Delaney, K. und Deyo, R.A. (2011 Dec 12). A randomized trial comparing yoga, stretching, and a self-care book for chronic low back pain. *Archives of Internal Medicine*, 171(22), 2019–26.

Sijbrandij, M., Engelhard, I.M., Lommen, M.J., Leer, A. und Baas, J.M. (2013 Dec). Impaired fear inhibition learning predicts the persistence of symptoms of posttraumatic stress disorder (PTSD). *Journal of Psychiatric Research*, 47(12), 1991–7.

Sleiman, M., Gundel, L.A., Pankow, J.F., Jacob, P., Singer, B.C. und Destaillats, H. (April 2010). Formation of carcinogens indoors by surface-mediated reactions of nicotine with nitrous acid, leading to potential thirdhand smoke hazards. *Proc Natl Acad Sci*, 107(15), 6576–81.

Smith, C., Klosterbuer, A., and Levine, A.S. (2009 Apr). Military experience strongly influences post-service eating behavior and BMI status in American veterans. *Appetite*, 52(2), 280–9.

Srivastava, J.K., Shankar, E. und Gupta, S. (2010). Chamomile: A herbal medicine of the past with bright future. *Molecular Medicine Reports*, 3(6), 895–901.

Steinemann, A. C., Gallagher, L. G., Davis, A. L., MacGregor, I. C. (2011). Chemical emissions from residential dryer vents during use of fragranced laundry products. *Air Qual Atmos Health*, 6(1), 151–6.

Stevinson, C. und Ernst, E. (2000 Apr 1). Valerian for insomnia: A systematic review of randomized clinical trials. *Sleep Med*, 1(2), 91–9.

Stewart, S. H. (1996 Jul). Alcohol abuse in individuals exposed to trauma: A critical review. *Psychological Bulletin*, 120(1), 83–112.

Tanaka, Y., Nakase, Y., Yamaguchi, M., Sugimoto, N., Ohara, K., Nagase, H. und Ohta, K. (2014). Allergy to formaldehyde, basophil histamine-release test is useful for diagnosis. *Int Arch Allergy Immunol*, 164(1), 27–9.

Thakkar, M. M. (2001 Feb). Histamine in the regulation of wakefulness. *Sleep Med Rev*, 15(1), 65–74.

Theoharides, T. C. und Cochrane, D. E. (2004 Jan). Critical role of mast cells in inflammatory diseases and the effect of acute stress. *Journal of Neuroimmunology*, 146(1–2), 1–12.

Tilbrook, H. E., Cox, H., Hewitt, C. E., Kang'ombe, A. R., Chuang, L. H., Jayakody, S., Aplin, J. D., Semlyen, A., Trewhela, A., Watt, I. und Torgerson, D. J. (2011 Nov 1). Yoga for chronic low back pain: A randomized trial. *Annals of Internal Medicine*, 155(9), 569–78.

Tomiyama, J. A. (2014 Nov 1). Weight stigma is stressful: A review of evidence for the Cyclic Obesity/Weight-Based Stigma model. *Appetite*, 82, 8–15.

Trappe, H. J. (2010 Dec). The effects of music on the cardiovascular system and cardiovascular health. *Heart*, 96(23), 1868–71.

Uebelacker, L. A., Epstein-Lubow, G., Gaudiano, B. A., Tremont, G., Battle, C. L. und Miller, I. W. (2010 Jan 16). Hatha yoga for depression: A critical review of the evidence for efficacy, plausible mechanisms of action, and directions for future research. *Journal of Psychiatric Practice*, 16(1), 22–33.

United States Department of Agriculture. National nutrient database for standard reference, release 27. *The National Agricultural Library*. Retrieved from http://ndb.nal.usda.gov/ndb/search/list

University of Michigan Health System. (2011 Feb 8). New link between genes and stress response, depression: Neuropeptide Y. Science Daily. Retrieved from www.sciencedaily.com/releases/2011/02/110207165426.htm.

van der Kolk, B. A. (2011). Introduction. In D. Emerson and E. Hopper, Eds., *Overcoming Trauma Through Yoga: Reclaiming Your Body*. Berkeley, CA: North Atlantic Books.

van der Kolk, B. A. (2014). *The Body Keeps the Score: Brain, Mind, and Body in the Healing of Trauma*. New York: Viking.

VanderEnde, D. S. und Morrow, J. D. (2001 Jul). Release of markedly increased quantities of prostaglandin D2 from the skin in vivo in humans after the application of cinnamic aldehyde. *J Am Acad Dermatol*, 45(1), 62–7.

Vilhena, E., Pais-Ribeiro, J., Silva, I., Pedro, L., Meneses, R.F., Cardoso, H., Silva, A.M. und Mendonça, D. (2014 Jul). Optimism on quality of life in Portuguese chronic patients: Moderator/mediator? *Rev Assoc Med Br*, 60(4), 373–80.

Vilijaa, M. und Romualdas, M. (2014 Mar). Unhealthy food in relation to posttraumatic stress symptoms among adolescents. *Appetite*, 74, 86–91.

Vrbanac, Z., Zecević, I., Ljubić, M., Belić, M., Stanin, D., Bottegaro, N.B., Jurkić, G., Skrlin, B., Bedrica, L. und Zubcić, D. (2013 Sep). Animal assisted therapy and perception of loneliness in geriatric nursing home residents. *Coll Antropol*, 37(3), 973–6.

Walker, P. (2013). *Complex PTSD: From Surviving to Thriving*. Lafayette, CA: Azure Coyote Publishing, printed by CreateSpace.

Wardle, J. (1987 Feb). Compulsive eating and dietary restraint. *British Journal of Clinical Psychology*, 26(1), 47–55.

Wegner, M., Schüler, J. und Budde, H. (2014 Oct). The implicit affiliation motive moderates cortisol responses to acute psychosocial stress in high school students. *Psychoneuroendocrinology*, 48, 162–8.

West, D.J. (1960). Visionary and hallucinatory experiences: A comparative appraisal. *International Journal of Parapsychology*, 2(1), 89–100.

Westphal, V.K. und Smith, J.E. (1996). Overeaters Anonymous: Who goes and who succeeds? *International Journal of Eating Disorders*, 4, 160–70.

Wilson, G.T. und Fairburn, C.G. (1998). Treatments for eating disorders. In P.E. Nathan and J.M. Gorman, Eds., *A Guide to Treatments That Work*. New York: Oxford University Press.

Wilson, S.A., Becker, L.A. und Tinker, R.H. (1997 Dec). Fifteen-month follow-up of eye movement desensitization and reprocessing (EMDR) treatment for posttraumatic stress disorder and psychological trauma. *J Consult Clin Psychol*, 65(6), 1047–56.

Wingenfeld, K. und Wolf, O. (2015 Jan). Effects of cortisol on cognition in major depressive disorder, posttraumatic stress disorder and borderline personality disorder—2014 Curt Richter Award Winner. *Psychoneuroendocrinology*, 51, 282–95.

Wirth, M.M. und Schultheiss, O.C. (2006 Dec). Effects of affiliation arousal (hope of closeness) and affiliation stress (fear of rejection) on progesterone and cortisol. *Horm Behav*, 50(5), 786–95.

Wolf, L.D., Davis, M.C., Yeung, E.W. und Tennen, H.A. (2015 Jan 8). The within-day relation between lonely episodes and subsequent clinical pain in individuals with fibromyalgia: Mediating role of pain cognitions. *Journal of Psychosomatic Research*. Retrieved from http://dx.doi.org/10.1016/j.jpsychores.2014.12.018.

Woodyard, C. (2011 Jul–Dec). Exploring the therapeutic effects of yoga and its ability to increase quality of life. *Int J Yoga*, 4(2): 49–54.

Wortmann, J.H., Park, C.L. und Edmondson, D. (2011). Trauma and PTSD symptoms: Does spiritual struggle mediate the link? *Psychol Trauma*, 3(4), 442–52.

Ye, Y. und Lin, L. (2015 Jan 26). Examining relations between locus of control, loneliness, subjective well-being, and preference for online social interaction. *Psychological Reports*. doi: 10.2466/07.09. PR0.116k14w3.

Yeung, E. W., Davis, M. C., Aiken, L. S. und Tennen, H. A. (2014 Nov 8). Daily social enjoyment interrupts the cycle of same-day and next-day fatigue in women with fibromyalgia. *Ann Behav Med*. Retrieved from www.ncbi.nlm.nih.gov/pubmed/25380634.

Yuen, K. W., Garner, J. P., Carson, D. S., Keller, J., Lembke, A., Hyde, S. A. und Parker, K. J. (2014 Apr). Plasma oxytocin concentrations are lower in depressed vs. healthy control women and are independent of cortisol. *Journal of Psychiatric Research*, 51, 30–6.

Zampeli, E. und Tiligada, E. (2009 May). The role of histamine H4 receptor in immune and inflammatory disorders. *British Journal of Pharmacology*, 157(1), 24–33.

Zioudrou, C., Streaty, R. A. und Klee, W. A. (1979 Apr 10). Opioid peptides derived from food proteins: The exorphins. *Journal of Biological Chemistry*, 254(7), 2446–9.

Register

A

Abnehmen 146
Adrenalin 39 f., 42, 65, 76 f., 84, 140, 143, 189
Alkohol(missbrauch) 9, 28, 31, 48, 61 ff., 65, 69, 81, 84 f., 97, 103, 105 f., 123, 127, 160, 172 f., 182, 184, 200 f., 203, 219, 221
Allostase 20
Alpträume 47, 50, 52 f.
Ätherische Öle 83, 114 f., 127 f.
Aufmerksamkeitsdefizit 18, 47

B

Baldrian 129
Bettwäsche 114, 120, 127, 134
Bindungsprobleme 169 f.
Borderline-Persönlichkeitsstörung 155, 194 f.
BPA 116 f.
Brokkoli 67 ff., 110
Burnout 17, 42 f.

C

Chemische Reinigung 115
Co-Abhängigkeit 159, 180, 188, 193
COBWEBS 96
Cortisol 39 ff., 52, 76 f., 82, 84, 96, 108 f., 112, 127, 130 ff., 140 ff., 146 f., 151 f., 172, 174 f.

D

Dankbarkeit 135
Depression 31, 42 f., 45, 52, 56 f., 96, 98, 123 ff., 142, 176, 226
Diaminoxidase 61, 69
Dissoziation 34, 54 f., 93, 144, 1876, 188, 192, 212, 230
Dissoziative PTSR 155
Dopamin 66, 84, 129, 133, 203, 218
Drama, Definition 25
Drama-Detox 84 f.
Drama-Quotient 26 ff.
Drogen(missbrauch) 38, 48, 84 f., 97, 105, 135 f., 155, 160, 171, 182, 184, 200 f., 203

E

Einsamkeit 88, 169 ff.
Einschmeicheln 34 f., 188, 193
Elektromagnetische Felder (EMF) 121 f.
EMDR (Eye movement desensitization and reprocessing) 154, 156 f.
Emotionale Hilfe 158 f.
Entgiftung 12, 84 ff.
Ernährung 96 ff.
Erstarren 34, 139, 143 f., 188, 231
Essstörung 10, 97
Esssucht 65

F
Familienbeziehungen 210 ff.
Farb-Dämpfe 113 f.
Fibromyalgie 173
Flashback 47, 52 ff., 59, 83, 179, 211
Flucht(reaktion) 34, 191, 215

G
Gebet 94, 135
Gehirnchemie 20, 39, 138
Gentechnisch veränderte Organismen (GVO) 63, 102
Getränke mit hohem Histamin-Gehalt 104 ff.
Gewichtsprobleme, -zunahme 20 f., 23, 96 f., 102, 107 f.
Grünkohl 64 f., 67, 104, 110

H
Hautjucken 12, 29,
Hilfe in der Familie 159
Hilflosigkeit, erlernte 45, 78
Histamin-Intoleranz 61 f., 66, 69, 109,
Histamin-Liberatoren 62 f., 67
Histrionische Persönlichkeitsstörung 194
Hygieneartikel 117 f.
Hypervigilanz 42, 44 ff., 54, 82, 137, 144, 170, 176

I
Impulsivität 47 f., 97
Inneres Strahlen, Definition 18, 74
Intuition 28, 37
Isolation 139, 167, 169 f., 188

J
Johanniskraut 125 f.

K
Kaffee 63, 103, 106, 108
Kakao 105 f.
Kamille 124 f.
Kampf- oder Flucht-Impuls 34, 39
Kampf(-Reaktion) 34, 143, 188 f., 215
Kava 129 f.
Koffein 28, 31, 39, 42, 63, 66, 84, 86, 99, 105 f., 108, 125
Kognitive Verhaltenstherapie 154 f.
Komplexe posttraumatische Stressreaktion 58 f.
Konservierte Nahrungsmittel 101
Konzentrationsschwierigkeiten 46, 53
Körpertherapie 132 f.
Kosmetika 117 f.
Kräuter 123 f.

L
Langeweile 27, 39, 45 f., 189
Lavendel 114 f. 127
Levine, Dr. Peter 11, 44 f., 155
Liebesbeziehung 198 ff.
Luftschadstoffe 121

M
Macadamianüsse 63 f., 67 f., 101, 103 f
Mango 64, 109 f.
Massage 132 f.
Meditation 83, 94, 136 ff., 157

Meditationsmusik 82, 130 ff.
Melatonin 124, 128 f.
Missbrauch, emotional/ physisch 20, 35 f., 41, 44, 48, 57, 59, 106, 169, 192, 195, 203 f., 213, 215, 217 ff.
»Mr. Darcy«-Syndrom 201 ff.

N
Nahrungsmittel mit hohem Histamin-Gehalt 63 f., 99 ff.
Nahrungsmittel mit niedrigem Histamin-Gehalt 64 f., 103 f.
Narzissmus 188 f., 194, 215
Nervosität 82, 94, 123 f., 159, 228
Nikotin 31, 42, 86

O
Optimismus 79, 81
Oxytocin 133, 174 f.

P
Pestizide 63, 100 ff., 104 f., 110, 112, 119
Plastik 116, 120
Posttraumatische Auslöser 88
Posttraumatische Belastungsstörung (PTBS) 11, 43, 47, 49 f., 53, 58, 176, 210, 221
Posttraumatische Stressreaktion (PTSR) 50 f., 97, 130
Posttraumatische Symptome 12, 24, 26, 41 f., 52, 54, 60, 79, 88, 94, 133, 135 ff., 142 f., 154 ff., 165, 171, 175 f., 195, 211
Prämenstruelles Syndrom 142

R
Reinigungsmittel 114
Religion 36, 135 f.
Reviktimisierung 26, 48
Rückenschmerzen 147 f.

S
Säfte 105
Scham 59, 90
Schlafstörungen 23, 42, 46 f., 53, 127 ff.
Schuldgefühle 28, 78 f., 89 f., 159, 188, 190, 207, 217 f.
Schwellungen 12, 41, 62, 64, 84, 97 f, 102, 106 ff.
Selbstwertgefühl 78, 190, 224
Sekundärer traumatischer Stress (STS) 51
Sekundär-Trauma 23, 51, 60, 73
Selbstfürsorge 7, 94 f., 182 f., 185
Selbshilfegruppen 157 f., 161, 220
Sensitivität 17, 66 f, 170, 224
Serotonin 42, 124, 133
Spiritualität 7, 83, 135 f., 167
Stofffarben und Chemikalien 118 f.
Stress-Drama-Kreislauf 93
Stresshormone 38 ff., 73, 97, 107, 110, 112, 140, 143, 166, 187, 205, 218, 222, 231
Stresslevel 19, 30, 66, 84, 88, 92, 105, 111
Sucht-Beziehungen 200 f.
Suchtverhalten 10, 47, 53, 81, 88, 159, 200, 231

T

Teppich-Dämpfe 113
Tiergestützte Therapie 175 ff.
Trauma, Definition 25, 35
Trauma-Heilung 12, 24, 139, 155

U

Übergewicht 19, 42, 96 f., 107, 146, 151

V

van der Kolk, Dr. Bessel 11, 37 f., 145, 211
Verhaltensmuster18 ff., 85, 87, 91, 191, 207
Vitamin C 109 f.

W

Waschmittel 114 f.
Wasseransammlung 21, 107 f.

Y

Yin und Yang 74 f., 99 f., 148 ff., 153, 231
Yoga 83, 87, 94, 137 ff., 222

Z

Zigaretten 84, 121
Zwölf-Schritte-Programm 86, 158 f., 201, 220
Zwangsstörung 53, 188, 190 f., 215
Zucker, Verlangen nach 108 f.

DIE BESTE STUNDE DEINES TAGES

192 Seiten | Klappenbroschur | € 17,99 [D]
ISBN 978-3-424-15311-8

al Elrod hat ein genial einfaches Morgenprogramm entwickelt, das nicht nur sein eige-es Leben um 100 Prozent verbessert hat, sondern auch das seiner vielen Fans und Leser. er Miracle Morning praktiziert, wird endlich der Mensch werden, der er immer sein ollte – voll positiver Energie für ein gesünderes, glücklicheres und zufriedeneres Leben.

eitere Infos unter www.irisiana.de

IRISIANA